# Follow Me
# 来加拿大读高中

本书谨献给勇于探索全新生活的人们!

陈 平 / 著

图书在版编目（CIP）数据

Follow Me 来加拿大读高中 /（加）陈平著. -- 北京：
新世界出版社, 2016.6
　ISBN 978-7-5104-5809-5

Ⅰ. ① F⋯ Ⅱ. ①陈⋯ Ⅲ. ①高中 – 留学生教育 – 概
况 – 加拿大②高中 – 介绍 – 加拿大 Ⅳ. ① G639.711.8

中国版本图书馆 CIP 数据核字 (2016) 第 114670 号

# Follow Me
## 来加拿大读高中

---

作　　者：陈　平
策划编辑：张铁成
责任编辑：袁　静
责任印制：李一鸣　黄厚清
出版发行：新世界出版社
社　　址：北京西城区百万庄大街 24 号 (100037)
发 行 部：(010)6899 5968　(010)6899 8705（传真）
总 编 室：(010)6899 5424　(010)6832 6679（传真）
http://www.nwp.cn
http://www.nwp.com.cn
版 权 部：+8610 6899 6306
版权部电子信箱：nwpcd@sina.com
印　　刷：北京中印联印务有限公司
经　　销：新华书店
开　　本：787mm x 1092mm 1/16
字　　数：189 千字　印张：12.75
版　　次：2016 年 6 月第 1 版　2016 年 6 月第 1 次印刷
书　　号：ISBN 978-7-5104-5809-5
定　　价：38.00 元

---

版权所有，侵权必究
凡购本社图书，如有缺页、倒页、脱页等印装错误，可随时退换。
客服电话：(010)6899 8638

# 为何要读这本书?

本书意在为高中留学加拿大的孩子和家长答疑解惑、提供参考。送孩子出国留学,可不是一个简单的事情,家长及孩子心中都会有很多疑问,比如:

1. 我的孩子适合去加拿大读高中吗?

2. 我的孩子几年级转到加拿大读书最合适?

3. 去加拿大读高中,大概需要多久的准备时间?

4. 孩子在加拿大读完高中后,想上当地大学,还需要参加加拿大的高考吗?

5. 孩子会想:"我过去,那么远!我吃啥、住哪、想家咋办?"

6. 孩子还会想:"他们都说英语,就我不会!我跟谁说话?"

7. "他们一个个人高马大,我和他们一起做课外活动,他们会带我一块儿玩吗?他们会不会欺负我呢?"

8. 孩子还会担心:"我能比他们学的更好吗?"

9. 在加拿大高中毕业后,可以申请去美国读大学吗?

10. 在加拿大读高中费用是多少?

这些问题的出现十分自然,因为要送孩子远渡重洋去异国他乡,诸多问题都需要问、需要得到解答,这就是本书出版的原因。下面,就以回答上述问题,作为本书的开篇吧。

**1. 我的孩子适合去加拿大读高中吗？**

首先要说明一下，并不是所有的孩子都适合出国，毕竟是离开父母，一个人在外生活，因此要求孩子在生活上要比较独立。加拿大高中教育不崇尚权威，因此敢于表达自己想法的孩子更容易获得成功。另外，大部分加拿大人都喜欢交流，因此性格开朗的孩子在短时间内较易融入环境。总之，独立、善于管理自己、开朗、愿意表现和喜欢当地生活等，有这样特点的孩子就更容易适应。有些自理能力差、离不开父母、性格内向、对外语学起来觉得特别辛苦的孩子，建议还是不要出去，留在父母身边也许会更好些。

**2. 我的孩子几年级转到加拿大读书最合适？**

根据省份的不同，加拿大的高中有三年制和四年制，但要求是相同的：修够学分才能毕业。也就是说必须在高中读够完整的两年，可能还要加上假期时补修的一些课程，才有可能修够学分。而加拿大的公立高中规定超过18周岁以上就不允许就读了，必须要去成人的学习机构继续深造。

在加拿大公立高中里，至少需要两年时间完成高中学习，因此各个高中一般不接收来自中国高中三年级的学生插班。因此，最好的转学时机是在初三或高一，也就是中考的前一年和后一年。所以，应在初一或初二就开始进行出国准备了。那么，为什么不更早一些转学呢？这是因为孩子太小，心理和生理成长发育还不够成熟，缺乏独立性。

**3. 去加拿大读高中，大概需要多久的准备时间？**

所谓"准备"通常指心理上的准备。要出国，要离开父母，孩子要有足够的心理准备；同样，父母为了孩子的前程，下很大的决心，也不是一件容易的事儿。因此，全家人都得想个一年半载的。另外，英语语言成绩、申请学校的手续、签证等等，一般来说至少得提早一年开始着手准备。如果想申请高中名校，录取条件会更高，通常需要SSAT和小托福的成绩，准备工作更要提早进行！一句话，"一年心理准备，一年手续准备"，综合下来大概需要两年的准备时间。

**4. 孩子在加拿大读完高中后，想上当地大学，还需要参加加拿大的高考吗？**

首先，这个问题是用中国的国情推测加拿大的教育体制。实际上，加拿大没有统一的大学入学考试，也就是说加拿大是没有高考的，学生申请大学主要看高中时期的平均成绩及历年来参加的各种社会活动。加拿大的教育与中国不同，素质教育提倡的是看平时、看参与、看思考能力。学生期末考试成绩仅占总成绩的30%，其余70%由平时的作业、小测验、每一项PROJECT（项目）和PRESENTATION（台前讲演）、以及课堂参与次数、出勤率等综合因素组成。学生每科成绩也不是以考试一锤定音，而是看平时的学习表现。

**5. 孩子会想："我过去，那么远！我吃啥、住哪、想家咋办？"**

吃：可以在学校，也可以在寄宿家庭。

住：学校或是寄宿家庭。加拿大一般的住宿条件都不差，房子的防寒及供暖都不次于国内的高档住宅小区。虽说冬天比较冷，但绝对冻不着。

想家：微信视频，QQ视频吧，腾讯公司已经为大家解决了这个问题，全免费！

**6. 孩子还会想"他们都说英语，就我不会！我跟谁说话？"**

你得学英语跟他们交流。当然，你也可教他们汉语。

**7. "他们一个个人高马大，我和他们一起做课外活动，他们会带我一块儿玩吗？他们会不会欺负我呢？"**

他们会带我一块儿玩吗？会！他们不歧视外来族裔，多元文化已经根植在他们的心里！只要你够胆、有实力，他们会非常欢迎你。我的一位朋友的孩子，羽毛球打得非常好，过去没半年就成了他们学校的"明星"！围着他的同学有一大群！

他们会不会欺负我呢？一般不会！在加拿大，语言及肢体欺凌是犯法的。如果事实确凿、证据充分，欺负你的人是要"受法律惩处"的！所以，没人敢欺负你，放心吧！

### 8. 孩子还会担心："我能比他们学的更好吗？"

我能比他们学的更好吗？一般来说，过了语言关，课堂听说读写能力跟得上以后，中国孩子都不差的，考试成绩多在中上的位置。另外，中国孩子还要积极参加各种课外活动，与当地人多交流、多学习，以确保课外活动及社区服务的分数。这样，在高中毕业申请大学时，中国孩子的竞争力一般会超过大部分的当地孩子。

### 9. 在加拿大高中毕业后，可以申请去美国读大学吗？

答案是"能"！近年来去加拿大读高中的学生越来越多，因为，在加拿大留学能够为以后申请美国名校打下很好的基础。加拿大紧邻美国，地理位置得天独厚，而美国的大学也比较欢迎加拿大的高中毕业生，因此能满足一些中国留学生，通过加拿大这个跳板进入美国高校的愿望。

### 10. 在加拿大读高中费用要多少？

加拿大高中分公立和私立两大类：公立学校的学费加生活费大约一年要14-18万元人民币；私立中学的费用要高很多，学费加生活费一年大约23-33万元人民币。

类似于以上问题，本书共分八个章节来做阐述及回答：

◇ 加拿大是个怎样的国家
◇ 为什么送孩子去加拿大读高中
◇ 读高中应与移民申请通盘考虑
◇ 概述加国初等教育及高中类型

◇ 选校及不同类型学校的开销

◇ 加拿大高中的申请及留学签证申请

◇ 介绍加拿大高中排名

◇ 加国读书的常见问题

  本书偏重于信息检索,仅有少部分为作者在加拿大生活的经历描写,希望能给广大读者以借鉴及参考。

# 目录

前言 .................................................................................................. 1

## 第一章 加拿大是个怎样的国家 ................................................. 001
 一、加拿大国家概况 ......................................................... 002
 二、未到加国，先感受加国情怀 ..................................... 009
 三、加拿大人生活非常快乐 ............................................. 012
 四、我在加国的生活感受 ................................................. 014
 五、谈加拿大的安全问题 ................................................. 016
 六、加总领事：欢迎优秀学生留学后移民！ ................. 018
 七、了解中加文化差异 ..................................................... 022

## 第二章 为什么送孩子去加拿大读高中 ..................................... 027
 一、过去十年间赴加留学人数增2.5倍 ........................... 029
 二、低龄留学加拿大的优势 ............................................. 031
 三、高中留学加拿大后的四条出路 ................................. 034
 四、中国与加拿大高中教育之比较 ................................. 036
 五、 高中留学加拿大的常见误区 .................................... 038

## 第三章 留学应与移民通盘考虑 ................................................. 041
 一、分析美国对留学生学成后的移民政策 ..................... 044
 二、2015-2016澳大利亚留学生技术移民新政体系 ...... 047

三、新西兰留学后移民条件之介绍..................................................051

　　四、留学 – 工作 – 移民，八个国家政策的分析与比较..................054

　　五、加拿大留学后再移民的政策介绍..............................................061

　　六、加拿大吸引留学生的"读书 – 工作 – 移民"签证计划..............064

## 第四章 概述加国初等教育及学校类型..................................................067

　　一、概述加拿大中学的教育体制......................................................068

　　二、中学学制简介（以安大略省为例）..........................................070

　　三、与中国比较，加拿大中学的教育特点......................................075

　　四、公立学校......................................................................................077

　　五、普通私立学校..............................................................................079

　　六、贵族私立学校..............................................................................081

　　七、国际学院（College 私立学校的一种）....................................083

　　八、教会学校（既有公立又有私立，但通常认为私立居多）......085

　　九、四类学校的优劣势......................................................................087

## 第五章 选校及不同类型学校的开销......................................................089

　　一、去加拿大读高中，选哪个省？..................................................091

　　二、选一类适合自己孩子的学校......................................................094

　　三、私立寄宿中学，怎么选？..........................................................097

　　四、中学开设的特色课程..................................................................100

　　五、不同类型学校的花费列表..........................................................105

## 第六章 加拿大高中的申请及留学签证申请..........................................107

　　一、加拿大各类中学录取条件..........................................................108

　　二、申请加拿大高中及签证所需材料..............................................110

　　三、申请公立教育局（高中）的流程和行动列表..........................112

　　四、申请私立高中的注意事项..........................................................115

　　五、申请私立贵族学校需要的两个成绩..........................................118

　　六、申请学校的几个材料说明..........................................................121

　　七、签证申请流程..............................................................................127

  八、签证申请文件列表 ............................................. 128
  九、签证注意事项 ................................................. 130
  十、签证申请的几个文件说明 ....................................... 134

## 第七章 介绍加拿大高中排名 ........................................... 135
  一、正确认识加拿大中学的排名 ..................................... 136
  二、较好的公立高中及所在省份 ..................................... 138
  三、多伦多公立及教会教育局的前 10 名学校 ......................... 142
  四、BC 省 2012 年前 30 名的公立学校 ............................... 144
  五、蒙特利尔英语教育局下属 12 所公立中学 ......................... 146
  六、2014 年选出的 15 所加拿大私立走读中学 ......................... 149
  七、21 所加拿大百年历史私立中学 .................................. 150
  八、高中毕业后的八所目标大学 ..................................... 152

## 第八章 加国读书的常见问题 ........................................... 157
  一、首次去加国，随身带什么？ ..................................... 159
  二、几种住宿方式的比较与说明 ..................................... 161
  三、监护人会为学生做些什么 ....................................... 163
  四、如何快速融入寄宿家庭 ......................................... 165
  五、解决吃饭问题——自己动手，丰衣足食！ ......................... 168
  六、常见的交通工具有哪些 ......................................... 171
  七、加拿大留学必知的法律常识 ..................................... 175
  八、了解加国风俗，快速融入环境 ................................... 177
  九、读高中必看的网站 ............................................. 180
  十、加拿大电话区号 ............................................... 182
  十一、应对突发事件 ............................................... 184
  十二、加拿大著名城市介绍 ......................................... 186

# 第一章
## 加拿大是个怎样的国家

一、加拿大国家概况

二、未到加国，先感受加国情怀

三、加拿大人生活非常快乐

四、我在加国的生活感受

五、谈加拿大的安全问题

六、加总领事：欢迎优秀学生留学后移民！

七、了解中加文化差异

# 一、加拿大国家概况

## 1. 人口分布、气候及自然资源

加拿大位于北美洲北半部,东临大西洋,西濒太平洋,西北部邻美国阿拉斯加州,东北与格陵兰隔戴维斯海峡和巴芬湾遥遥相望,南接美国本土,北靠北冰洋。国家领土面积998万平方公里,居世界第二位。总人口3,554万(2014年),平均每平方公里约3.5人,是世界上平均人口密度最低的国家之一。人口以英、法等欧洲后裔为主,约占86%,土著居民(印第安人、米提人和因纽特人)约占3%,其余为亚洲、拉美、非洲裔等。英语和法语同为官方语言。当地居民多信奉天主教和基督教新教。首都渥太华(Ottawa),地处安大略省,是全国政治、经济、文化和交通中心。其三大城市分别是多伦多,蒙特利尔和温哥华。

加拿大因受西风影响,大部分地区属大陆性温带针叶林气候。东部气温稍低,南部气候适中,西部气候温和湿润,北部为寒带苔原气候。北极群岛终年严寒,中西部最高气温达40°C以上,北部最低气温低至-60°C。其最大的城市多伦多,一年四季分明,气候状况与中国的长春相似。而另外一个大城市温哥华的气候则非常适中,不冷不热。

加拿大,地广人稀,自然资源丰富。矿产有60余种,主要有:钾、铀、钨、镉、镍、铅等。原油储量仅次于沙特居世界第二。森林面积4亿多公顷,居世界第三，仅次于俄罗斯和巴西。加领土面积中有89万平方公里为淡水覆盖，可持续性淡水资源占世界的7%。

### 2.经济状况及与中国的关系

加拿大是西方七大工业化国家之一，制造业、高科技产业、服务业发达，资源工业、初级制造业和农业是国民经济的主要支柱。加以贸易立国，对外贸依赖较大，经济上受美国影响较深。加拿大的石油行业一直是经济增长的主要动力，推动加国贸易转亏为盈，并有很大量的投资。农业食品业是加拿大经济重要的组成部分，占其国内生产总值的8%。加拿大联邦和各省政府经营多种国际保险业务成为经济一大亮点，包括出口信用保险和投资保险。

提到加拿大，相信很多中国人的脑海中马上就会闪现出一个名字，白求恩。毛泽东主席的著名文章《纪念白求恩》，让我们深深记住了这位来自加拿大的国际和平主义战士。实际上，中加两国人民的友谊源远流长。据史料记载，加拿大和中国的贸易往来始于1780年，到了18世纪末，广州的丝绸、杭州的茶叶和景德镇的瓷器就远销加拿大，当地的皮毛和木材也运销中国。中国民主革命的先驱孙中山先生曾三次到加拿大的温哥华。1938年，加拿大的白求恩大夫率领医疗队来到中国的抗日斗争前线，救死扶伤，并为中国人民的解放事业献出了宝贵的生命。自1970年10月13日，中加两国建交以来，双边关系发展顺利，友好交流频繁，经贸发展迅速。2003年10月，加拿大总理克雷蒂安应邀对中国进行正式访问。2003年12月，温家宝总理对加拿大进行正式访问。两国总理的互访大大增进了两国人民的互信。2005年1月，加拿大总理马丁对中国进行正式访问，两国发表联合声明。 2005年9月，中国国家主席胡锦涛又对加拿大进行国事访问，自此以后，中加双边贸易额猛增，据中国海关统计，2004年中加双边贸易总额达155.1亿美元，同比增长55%。截至2004年12月，加拿大在华直接投资项目有7,900多个，协议投资额140多亿美元，实际投资约45亿美元。中国在加投资项目有173个，投资额达4.67亿美元。

## 3. 文教概况

加拿大的公共教育支出占国民生产总值的5.4%，美国为5.2%；25—64岁年龄段人口中，有40%完成了高等教育，美国为36%；高等教育入学率为46%，则居世界首位。在办学质量上，其多伦多大学在2001年世界公立大学排名中位居第10，其藏书量超过10,00万册。加拿大虽人口不多，但教育普及率及教育质量居世界前茅。

加拿大还是特别适宜居住的国家。从1999年开始，加拿大连续7次被联合国开发计划署评为最适宜人类居住的地方（每两年评选一次），这是根据人均收入、平均寿命及教育程度三项指标综合评比而得出的。与此同时，加拿大还不忘在高等教育方面援助发展中国家，中国也是受益的国家之一。

加拿大实行联邦制，每个省具有较大的自制权，教育管理权归省级政府。各省教育经费基本依靠自筹，联邦政府从国家税收中提取一定的比例来资助和普及中、小学教育。政府对教育投入很大，1999～2000年，全国直接用于教育的经费约676.97亿加元，占国内生产总值约6.6%。

经过百年的积累，加拿大已拥有多所世界著名的顶尖一流高等学府：

◇ 多伦多大学（University of Toronto）——加拿大常春藤，2013QS世界大学排名第19位

◇ 麦吉尔大学（McGill University）——加拿大的哈佛

◇ 皇后大学（Queen's University）——加拿大的普林斯顿

◇ 西安大略大学（University of Western Ontario）——北美MBA巨擘

◇ 滑铁卢大学（University of Waterloo）——电脑工业的宠儿

◇ 不列颠哥伦比亚大学（University of British Columbia，当地华人又称卑诗大学）——西海岸的明珠

另外还有：

◇ 麦克玛斯特大学（McMaster University）

◇ 渥太华大学（University of Ottawa）

◇ 阿尔伯塔大学（University of Alberta）

◇ 西蒙菲莎大学（Simon Fraser University）

在公布的2013泰晤士高等教育世界大学报告中，加拿大有七所大学世界前200，这些学校分别是：多伦多大学（20），不列颠哥伦比亚大学（31），麦吉尔大学（35），麦克玛斯特大学（92），蒙特利尔大学（106），阿尔伯塔大学（109）以及渥太华大学（185）。

## 4. 文化和习俗

### 1）加拿大的文化——多元化、平等及互相尊重。

加拿大除了因纽特人、米提人和印第安人以外，其他各个民族都是由世界各地移民而来的。加拿大是一个移民众多的国家，除了加拿大的自然环境外，自由宽容的多元文化环境是许多民族选择在加拿大生活的一个重要原因。经过历史的磨合，来自亚洲、美洲、欧洲等地的不同民族相互了解，并学会了互相尊重。

不同的文化无论强弱，都在加拿大这片自由的土地上得以独立完整的保留了下来。加拿大的各个民族不仅自豪于本民族的文化，更为加拿大兼容并包的文化心态而自豪，而当地的土著居民仍然保留着本民族的原始生活方式。

加拿大多样文化并存，离不开加拿大政府的多元文化政策。自1971年加拿大政府确立多元文化方向以来，经过1988年通过的《加拿大多元文化法》和从2003年起每年都举办的加拿大多元文化节等，使加拿大的多元文化形象深入人心，不同文化间的和谐相处成为加拿大文化的最大特点。加拿大人，甚至是执政者都承认自己是外来移民，包括英族裔和法族裔的白人，所以他们尊重其它族裔的文化及生活习惯。

### 2）加拿大习俗——不妨碍他人、注意个人健康及简洁的生活方式。

加拿大人非常注重个人健康，积极提倡利于健康的生活习惯。加拿大吸烟人数较少，公交车等公共场合都禁止吸烟，餐馆大多分为吸烟区和无烟

区，就餐时如想吸烟，入座前应请侍者安排吸烟区就座，而在私人空间吸烟，要先得到主人的许可。加拿大人非常讲究卫生，因此，在加拿大不要随地吐痰或乱扔垃圾，同时也应注意自己的衣着保持整齐干净。

预约是拜访他人的礼节。在加拿大拜访他人无论正式与否，都须提前预约，意外的来访是不礼貌的。加拿大人见面礼仪一般为握手，在特殊场合如法语场合可用拥抱等法式礼仪。交谈时，切忌以手指点，交谈距离应远近适宜；交谈内容不要涉及私生活、收入、支出、女士年龄等隐私问题，要尊重个人隐私习惯；最好不要随意谈论加拿大和美国的差异或有关加拿大英语区和法语区的话题。在进出大门、电梯和上下楼梯、及上下车辆时应礼让妇女和老人，等车或在餐厅等位时应排队。另外，一些敏感话题，要学会避而不谈或微笑缄默。

加拿大人习惯吃冷食，总是喝凉牛奶和吃冷餐。一开始，可能会不习惯，肠胃有反应，但是，坚持两周后，就可逐渐适应了。出门在外，要心态放开，入乡随俗。同加拿大人吃饭不要过度礼让和劝酒，加拿大人多不喜欢肥肉，讨厌虾酱、腐乳等有特殊气味的食物，动物的内脏和脚爪是加拿大人的食物禁忌。加拿大当地人以晚餐为重，宴会等场合通常为双数席位，忌讳数字"13"。黑色和紫色在加拿大是不受欢迎的颜色。在加拿大白色百合是葬礼使用的，不要用来送人。加拿大夏季会有穿着比基尼的女士享受日光浴，不要过分惊讶。另外，小孩在游泳时需穿上泳衣。

**3）宗教信仰。**

加拿大人绝大多数信教，以天主教为主，兼有其他多个教派，比如中东的一些教派，还有当地有色族裔特有的教派等。每逢周日，社区内安安静静，一般全家人都在教堂，听牧师讲道，个人也有分享。我在那里上ESL课程，听老师说多伦多就有300多种宗教团体。通常会有人到你家里来讲道，发传单，我们可以友善地接受这样的传单，但不要当面扔掉，回头看看再处理掉就好。如果不喜欢，就可以礼貌地拒绝，不让他们来你家里讲经传道。

## 5. 气候 ——总体来说比较寒冷，类似中国的东北

加拿大东临大西洋，西濒太平洋，西北部紧邻美国阿拉斯加州，南接美国本土，北临北冰洋达北极圈。冬季可以说比中国多出一个月，气候寒冷，夏季则比国内少一个月，而雨季集中在春季的4、5、6月份。华人大多集中居住在几个大城市，目前也逐渐开始扩散到其它二三线城市。以华人居住最多的温哥华而言，是全加拿大冬季最暖和的城市，最冷的1月份平均气温在3℃，7月份的平均气温为17℃，可谓一年四季如春。另一大城市多伦多1月份的平均气温为–6、7℃，7月份为20、25℃。

## 6. 国家时间（时差）

加拿大共分六个时区，北京时间(东八区)24:00时，加拿大的时间分别为：

纽芬兰时区(西四区，如圣约翰斯) 12:30

大西洋时区(西四区，如哈利法克斯) 12:00

东部时区(西五区，如渥太华) 11:00

中部时区(西六区，如温尼伯) 10:00

山地时区(西七区，如埃德蒙顿) 09:00

太平洋时区(西八区，如温哥华) 08:00

注：

(1) 加拿大6个时区，东西时差4.5个小时；

(2) 正常情况下，温哥华比北京时间晚16小时

(3) 加拿大在4月第1个星期日到10月最后一个星期日实行夏时制，时间拨快一小时。

## 7. 主要节假日

加拿大的节日比较多，"小长假"是当地的特色，5-10月份期间，基本上每个月都有一个周末是三天连休，我们称这三天连休为"小长假"。

加拿大除了元旦等国际性节日外，还有众多的国家节日和宗教节日，其中一些为公众假期，包括耶稣受难日（Good Friday）、复活节次日（Easter

Monday）、5月24日前最后一个星期一的维多利亚日（Victoria Day）、国庆、9月第一个周一的劳动日（Labor Day）、感恩节（Thanksgiving Day）、11月11日的国殇纪念日（Remembrance Day）、圣诞节（Christmas Day）和次日的节礼日(Boxing Day)等，在这些时间，政府、银行等机构都会放假，大多数的商家也会休息。

【第二章】加拿大是个怎样的国家

# 二、未到加国，先感受加国情怀

没有去过加拿大的朋友也许会对加拿大有种陌生感，那么远、那么冷、那么、那么……呵呵！咱们来看看去过那里的人怎么说。下面为大家分享在加拿大生活会感受到的10种情怀。

## 1. 家庭第一

加拿大人非常注重家庭，下班就回家，很少有人在外面漂。如果周末有聚会，通常也是以家庭为单位出席。如果是公司内部的活动，有时也会邀请家庭成员参加。

加拿大的人口越来越多，需要确保在组建自己的家庭时能够得到支持，而他们可以直接从政府那里获得这样的支持。加拿大的产假政策很人性化，会给新晋升为父母的人提供52周的假期，这项政策还能保护他们的工作，确保他们想工作时不至于被调岗或失业。

## 2. 对人和善

见人就微笑！这是加拿大人的习惯！为什么？我想了一下：人少！见到一个陌生人不像在中国这么容易，好不容易遇到，自然十分高兴了。如果发生了不愉快的事儿，双方都会主动退让，并都会道歉。加拿大人把说"对不起"当做能够和谐交流的必备方式。

### 3. 快乐不是别人给的，要自己找！

加拿大的节假日比较多，不提倡加班，加拿大人有一个信条：会休息，才会工作，并且是长期的工作！所以，加拿大企业内部的离职率非常低。企业内和善，业余生活也有不同的乐趣。

你是不是特别喜欢美国的那些喜剧演员，他们有些是加拿大人，或者许多是师从加拿大人。比较有名的走出国门的喜剧大咖包括：Saturday Night Live 创办者Lorne Michaels、Jim Carrey、Seth Rogen、Jay Baruchel和Will Arnett。加拿大何以成为欢乐的温床?不把自己太当回事儿似乎是第一要诀。

### 4. 同性婚姻和异性婚姻享有同等地位

2005年，加拿大宣布同性婚姻合法化，成为第四个认可同性婚姻的国家。不管是异性，还是同性，加拿大都坚决支持每个人选择婚姻的权力。

### 5. 多元文化使族群受益

加拿大人最引以为豪的是其多样性和与众不同，他们鼓励保持各民族特有的文化习惯，也从不客意或强迫去融为一体。加拿大是一个移民国家，吸引了来自近200个国家的移民。在加拿大的每个城市都可以看到不同国家的缩影。一年到头，会有各种活动和庆典在欢庆各自的文化，其他不同背景的人也都会积极参与进来。从街标到广告上的各种非官方字体，也可感受到加拿大的多元文化。中国的春节就已经被多伦多政府所认可，并对所有华人放假半天，大年三十儿那天下午，各大商场都会响起中国的传统音乐，给人的感觉是"你已经置身中国了！"

### 6. 尊重自然的原貌

加拿大的自然美景令人震撼：连绵巍峨的山峰、传统的原住民聚集区、适合冲浪的海滩、超现代化的城市、偏远的渔村等等。加拿大政府对改变地貌的任何行动都非常敏感，因此对建房、砍树、修路等触动地貌的行为严加管制，对将人造景观植入大自然的行为非常慎重。这也是加拿大的自然环境保持得非常好的原因。

### 7. 人人平等，明星如凡人

全世界每年会有几十部电影在加拿大拍摄，用税收减免等政策吸引美国及其它国家的电影工作室来此取景。比如电影《金钢狼》的拍摄和取景地多是在加拿大班夫国际公园（Banff National Park）。加拿大还诞生了诸多享誉世界的乐队和音乐家，如Arcade Fire和Drake。值得一提的是除了多伦多国际电影节，其它时候在加拿大很少有狗仔队到处打探明星消息，所以像Rachel McAdams这样的大明星也不用担心会被侵犯隐私，他们可以过正常人的生活。

### 8. 世界那么大，我要去看看！

加拿大人喜欢旅游，完善的福利政策是促使民众旅游的保障。所以，他们不管是去美国，还是去其他国家，在全世界都可以看到有人在背包和行李上插着加拿大的枫叶旗。加拿大人对外面的世界很好奇，充满了探索欲望。他们喜欢去了解加拿大以外的世界，通过旅游他们在看待全球冲突或国际美食等各种事情时，就有了更广的视角。

### 9. 坏天气也别想搞砸我的心情

如果你那里长期下大雪、地面结冰、路面湿滑，只是偶尔才能看见太阳露脸，那就走地下通道，气温再低也不会阻碍你四处走动。加拿大的购物中心、写字楼和大学校园都有很大的地下空间，人们可以走着上下班。这是他们长期生活在冰天雪地里总结出来的生活经验：地下活动场所宽裕，配套设施齐全、可谓四通八达。即使不是阳光普照，也要开心快乐，对得起自己的每一天！

### 10. 两种语言胜过一种

加拿大有两种官方语言——英语和法语，所以加拿大人精通双语，多数人在学校都学过所在省或地区的少数民族语言。

加之，大部分城市都有多元化的背景，所以很多人在社区和家里可以说多种语言，这对智力和健康都有好处。

## 三、加拿大人生活非常快乐

众所周知,快乐来自与自我期望的比较、来自与周边其他人投入和收获的公平性的比较。加拿大是一个非常重视平等和公平的国家,在社会工作和整体收入公平性方面设计出了一套使得几乎所有劳动者都觉得公平的社会财富分配制度,老百姓及官员都是平等的,奉公守法,相互尊重,杜绝了贪污腐败、不劳而获、贫富差距过大的问题。

最近,世界经合组织发布的关于国家幸福指数的报告显示,加拿大是一个幸福指数很高的国家。虽然我们都知道幸福是一种感觉,但下面这组数据,的确很有说服力。我们一起来看看加拿大人的生活有多快乐:

1.受良好的教育,找一份适合的工作。在加拿大,讲究因材施教,并非特别追求高学历,25至64岁的成年人中有89%具有高中学历,这个数据领先于其他很多国家。此外,加拿大在教育质量方面表现得几乎完美,在经合组织的国际学生评估项目(PISA)中,加国学生在阅读能力、数学和科学方面的平均成绩为522分,这是所有经合组织国家中最高的!这与他们具有宗教传统有关,内心恬静。

2.他们如何看待金钱?金钱虽买不来幸福,但的确和人们能拥有什么样的生活水平息息相关。加拿大人均家庭税后的可支配收入为每年23,938美元,折合人民币超过13万,这个数字高于经合组织多数成员国家。

3.加拿大的工作机会。因加国人口少，工作岗位较多，虽有失业，但长期失业却很少。在加拿大只要积极肯干，找份工作不难，当然，要找一份与自己所学专业相符的工作也并非易事。刚刚移民到此的人可以先找份工作干起来，之后再慢慢向理想岗位调整，直至找到满意的工作岗位。加拿大人每年的工作时间，比经合组织的平均数少40小时。

4.空气和水的质量非常高。加拿大大气中可吸入颗粒物的读数是每立方米15微克，比经合组织的平均数20.1微克低得多。我们在多伦多的感受是雾霾天非常少。此外，加拿大的自来水可以直接饮用，在当地生活时间较长的人都有直饮自来水的习惯。

5.压力小，健康好，寿命长！加拿大人平均寿命81岁，其中女性为83岁，男性为79岁。这和加拿大人生活工作压力小，以及饮食安全，环境清洁，疾病防控做得好有很大关系。加拿大人得病、去医院的时候比较少，这并不是因为当地的医生好、药品疗效高，一次看病就把病除了根儿，而是因为加拿大人注重锻炼、生活简单、很少吃油腻食物，每半年会体检一次，所以，在加国，健康的老人特别多。

## 四、我在加国的生活感受

1.加拿大气候比较寒冷,类似中国的东北,但是,因为户内取暖设施特别好,所以生活在当地并不感觉特别冷。在冬天,室内室外感觉就像两重天:室外寒风刺骨,室内温暖如春。

2.加拿大的汽车比国内便宜。由于购车税费低,国内特别好的车,在那边可以用相对便宜的价格买到,特别是二手车,就更便宜了!最为重要的是加拿大对二手车的管理非常严格,必须要有质保协议和安全监测书。

3.加拿大的图书馆装饰一般都很古朴典雅,舒适大方。图书馆顶和墙面大多都是水泥的,但是丝毫不影响美观,阅读区地面通常都是地毯,设有舒适的沙发和茶几,环境通常非常安静、座位多,人少。社区图书馆非常完备,其中的书籍和影像资料非常多,而且一次可借阅10几本书和10份影像资料,还经常举办社区的公共教育活动,比如免费的讲座、英文补习等。

4、加拿大的公共安全非常好。这里,列举一些行人户外行动的例子:如某人在路上行走时,被未拴绳子的狗袭扰,因惧怕本能后退摔倒,结果手撑地面造成骨折,状告狗的主人,后经法院审理,获得赔偿;绿灯亮时,行人走人行横道,行人决对优先,车等人,并且司机不能按喇叭催促行人;下雪天,房屋业主需负责清扫门前积雪,若清扫不及时,造成行人从业主门前过时摔倒,造成伤害事故,房主要赔偿,严重者甚至会受刑事处罚。

5.在加拿大生活，食品和生活用品都不贵，但是，如果去饭馆吃饭比较贵，要省钱的话得自己做饭。所以，在加拿大生活了几年的人都会做饭炒菜，生活能力极强。买菜的时候要开车去，可开车，一次买一大堆食物回来，加拿大家庭用的冰箱也是特别的大，能装至少一周的食物。

6.在加拿大生活一段时间的人都会比较节俭，不浪费，比如食材、汽油、电和水。衣物一般是能穿就穿，很少会乱买衣服。衣物旧了有时会捐出去给有需要的人，每个社区捐衣服的地方比较多，也是比较方便的。在加拿大，实际的生活感悟非常多，这里就不再说太多，后面，还有篇幅来描写相关的内容。

## 五、谈加拿大的安全问题

加拿大一直以来都是求学、移民、养生的最佳去处，除了适宜的气候和友好的民众之外，良好的社会福利和安定的社会环境也是促使人们纷纷移居此地的重要原因。

1.加拿大的分配制度公平、贫富差距小且福利好。合理的税收制度和社会财富再分配的制度，使得加拿大国内的贫富差距较小。他们甚至提供全民免费医疗保险，这一点也让美国等国家望尘莫及。福利好，人们就没有太大的生存压力，社会自然就安定和谐多了。

2.加拿大具有多文化、多种族、多宗教的社会共融环境，没有太强烈的排外情绪，这也是各国人喜欢移民加拿大的重要原因，尤其是对于华人来说。众所周知，许多国家对外来移民尤其是中国移民都带有强烈的排斥心理，比如在一些国家近些年发生了不少排华、打砸华人商店的事件，甚至一度升级为排华骚乱。

3.加拿大的警察敬业负责，办案效率较高。2010年加拿大警方公布的破案率为39.4%，比2003年的33.5%有明显提高。警察对手中的权利运用还是比较受限的、但他们也很尽责。而加拿大居民对警察的评价也是蛮高的，平均10个公民中有9个人都认为加拿大的警方是在认真地工作并保护他们的安全。

4.加拿大虽然是可以合法拥有枪支的国家，但持枪许可却是非常严苛的，尤其是针对可随身携带的手枪，许多申请是受到严格的限制。在多伦多，我没有发现一个可以售卖枪支及其他类似武器的商店，我甚至还以为在这里私人是不允许拥有枪支的呢。

5.像暴力犯罪、毒品、以及黑帮火并这样的事儿，在加拿大我还从来没有见过。孩子们放学就步行回家，学校门口没有家长接送，我们也是习惯不接送孩子的；如果距离比较远，会有黄色的校车接送孩子上下学。

## 六、加总领事：欢迎优秀学生留学后移民！

人民网2014年1月报道（来源是广州日报），加拿大总领事艾伟敦在接受《广州日报》记者独家专访时称，欢迎优秀学生留学后移民。文章这样写道：

加拿大政府对教育投入之大在世界名列前茅，高度重视教育的发展是加拿大的治国之本，随着加拿大留学的不断升温，加拿大留学移民政策也是家长和学生们关心的热门话题。作为开放的移民国家，在即将过去的2013年，加拿大留学移民政策变动颇为频繁，这些政策的变动背后体现了加拿大怎样的人才吸引战略？日前，加拿大驻广州总领事馆总领事艾伟敦接受了本报记者的独家专访，介绍了留学加拿大的独特优势。

艾伟敦反复强调，加拿大非常重视中加两国的教育交流，十分欢迎来自中国的优秀留学生赴加留学，并为此不断加强各类签证服务。据介绍，2014年将是加拿大驻广州总领事馆建馆20周年的日子，届时将会举办一系列包括在教育、文化、经贸等方面的交流推广活动。

加拿大国际教育局2013年发布的外国留学生满意度调查显示，91%的留学生对在加拿大的学习经历表示满意或非常满意，96%的留学生认为加拿大是理想的留学目的地；82%的留学生认为加拿大是友好宽容的国家。

**留学加拿大有四大优势**

谈到留学加拿大的独特优势,总领事如数家珍。首先是在学生和家长最关心的留学安全方面,加拿大是一个非常安全、包容的国家,对所有来自不同背景和文化的人们都很开放。

其次是加拿大高质量的教育。加拿大的大学和学院大多数是公立的,质量差别不大,在国际上的排名普遍都很高。最近,经合组织国际学生评估项目(PISA)2012年评估结果显示,加拿大15岁龄学生在阅读、科学和数学领域,测试成绩远高于经合组织平均水平,高于澳大利亚、英国和美国,继续保持中上水平。

第三个优势就是给国际学生在加拿大工作的机会,允许国际学生在加拿大留学期间兼职工作,放假期间全职工作,并且毕业之后不用马上回国,可以有最长3年的找工作时间,让留学生既能获得工作经验又能赚钱,这份国外的工作经验对于留学生回国之后找工作非常有帮助。

第四个优势是鼓励留学生移民。加拿大政府非常欢迎留学生毕业后留下来工作,并且可以为这个国家作贡献,因此开放了对留学生非常有利的经验类移民,留学生毕业后只要在加拿大有一年的工作经验就可以申请经验类移民进而成为加拿大永久居民。

**中国是加最大留学生源国**

据总领事艾伟敦介绍,2012年,在加拿大学习的外国留学生超过265000人,比上一年增加11%,比2001年增加94%。其中,中国留学生人数占30%,约有8万人,成为加拿大最大的留学生源国。加拿大的留学生占全球留学生总数的5%,是继美、英、中、法、德和澳大利亚之后的第七大热门留学目的地。去年,加拿大总理哈珀访华期间,中加双方已经承诺增加双向学生交流,他们的目标是到2017年双向交流的学生人数达到10万人。

此外,对加拿大社区学院感兴趣并且就读的学生人数也有一个很大幅度的增长。据介绍,加拿大的社区学院有非常完善的职业培训系统,给想找工

作的年轻人提供具有实践性的教学。"中国经济的发展也需要一些领域的职业人才，我们很高兴看到，越来越多的人已经意识到社区学院教育的巨大价值，而且广州的一些职业院校已经与加拿大社区学院签署合作备忘录，在一些专业方面进行合作交流。"总领事说。

有些人认为加拿大对于留学生签证申请审核比较严格，对此，总领事认为这是一个误解。他表示，吸引国际学生对加拿大政府来说很关键，并且加拿大也在努力让这个目标变为现实，并且不断简化签证申请流程或加快签证审批的速度。

据介绍，加拿大2012年在中国签发了2.5万个学生签证，比2011年增加了3,000人，通过率超过80%，而且通过SDS计划（学习直入计划）和SPP计划（中加国际学生合作计划）申请学生签证流程变得更简单，而且签证通过率要比普通的留学签证更高，超过90%。SPP计划要求申请者雅思成绩达到5.5分，主要针对想申请加拿大社区学院的学生；而SDS计划则要求雅思达到6分，不过申请的学校种类没有限制。两个计划对于雅思成绩达到要求的申请者都降低了资金担保门槛，执行资金简化政策，在指定银行存1万加元，并缴纳第一年学费或提供相当于一年学费的担保金及担保人的收入证明等签证材料即可。

**留学签证环节更加便利**

除了简化签证审理流程外，今年的签证审理速度也比往年更快了，今年夏季高峰期签证审理速度为3周左右，而通过SDS计划和SPP计划则缩短一半左右时间。此外，早在2011年，加拿大使馆就开放了10年多次往返签证，对于广大家长来说更是一个非常利好的消息。

近年来，为吸引更多留学生赴加留学并鼓励其毕业后留加就业，加拿大制定了一系列鼓励留学生移民的政策，包括颇受留学生欢迎的经验类移民政策。不过，最近加拿大移民局宣布，把几类职业从联邦经验类移民职业类别中删除，其中包括厨师、餐饮服务主管、行政人员、行政助理、会计人员及簿记员和零售、销售主管，这引起了不少中国学生的担忧。

对此，总领事表示，作为传统的移民国家，移民是加拿大创造经济不可或缺的一部分，加拿大一直欢迎新移民的加入，现在也是一样。去年加拿大吸纳了接近25万名新移民，但也同时存在某些职位过剩的情况。"我们在吸纳新移民的同时也要对新移民负责，不能随便敞开大门而不管新移民是否适应加拿大的经济发展需要。"投资移民之所以暂停是因为加拿大政府认为以这样方式吸引的人才不符合加拿大的社会需求。

**推出鼓励留学生移民政策**

相比之下，针对留学生的经验类移民政策在过去三年很成功，给加拿大带来了2.5万新移民。因为留学生有在当地的学习背景，有语言基础，了解当地文化，同时有12个月的工作经验，是最理想的移民人选。不过，最近有些行业人才过剩，就要适当删除一些职业了。加拿大对移民人士的语言要求比较严格，这样做是为了让他们真正融入加拿大，发挥他们的经验，最后达到成功。

以上是援引自人民网的一篇文章。关于留学后再移民的事儿，本书会在后面的第三章做详细分析与说明。

# 七、了解中加文化差异

我曾在加拿大公司工作过七年,又在加拿大当地工作和生活了近七年,对中加文化差异有一些了解,同时结合了一些朋友的观点,下面就分几个方面来谈一谈这个话题。

**工作方面的差异**

1.加拿大人做事比较讲究效率,不是非常讲究级别,平等、朴实、严谨是大多数公司的传统。公司一般采取扁平化的管理方式,提倡畅所欲言,为了项目顺利进行,大家都不太计较说话的方式,直来直去,效率高。

2.公司内部注重能力,不注重学历。在加拿大,学历只有在最初进公司时有些用处,在工作中,谁能干、谁负责、谁愿意付出就会被提拔。我认识的一位女士,只有中专学历,长相非常普通,公司里有几十位的本科和研究生,偏偏她一个被提升为经理。这也说明:敬业、爱企业才是被提升的王道!当然,加班通常是被禁止的,加班必须是上级提出且下级愿意的情况下才能发生,且一定要支付成倍的工资。

3.见人谈事要预约。见同事或是其他人,通常要预约,包括看病、修车、理发、旅游,哪怕和老朋友吃饭也都要预约。时间管理是初来乍到者的必修课,一个能管理好自己时间的人,才是生活的强者。预约只是表象,背后是强调凡事都要有计划性、强调高效率。

4.加拿大人并不看重工作种类的差异，没有职业上的歧视。在加拿大，体力劳动者也是非常受尊重的。大学老师未必比搬运工工资多，甚至还可能低于搬运工的工资。而一个车行的技师工资通常比一个银行职员，甚至比政府公务员的收入都高。平等、勤劳、敬业是加拿大人的品性，就像其代表性动物海狸一样，勤劳、不知疲倦地营造自己的小窝。

5.做义工很普遍。加拿大人经常会去一些机构做义工，比如医院、学校、社区、市政、老人院、家暴避难所、流浪者之家、癌症基金会、乳腺癌基金会、残疾基金会等等。加拿大的中学生必须做一定时间义工才能毕业，许多大学生也经常以做义工来锻炼自己。社会风气的养成，有时候的确需要在公民受教育的过程中植入一些强制性的配套手段。

**家庭和子女的教育**

1.在加拿大，"家"首先是一个隐私话题，比如，婚姻状态、年龄、家庭成员、是否有孩子、是否想要孩子等都属个人隐私。除非他们先提自己的事儿，否则咱们不要主动问。如果他们问，我们也可以礼貌地拒绝，比如"这是我的隐私，我能不能不说？"这样他们一定会很礼貌的说："对不起！"，并且不会再提及此事。"家"又是一个温暖的地方。加拿大人邀请最尊贵的客人到家里吃晚餐而不是去餐馆。如果你有幸受邀与他们的家人一起活动或用餐，你一定要问清楚"我可以带家人吗？""我要带什么酒？"。

2.提倡勤俭持家，自力更生。加拿大人的动手能力强，妈妈会做蛋糕或打理园艺；爸爸通常都会修房、修车或换水管、整草坪。其中的原因，一是加国人工费用很贵；二是加国人以自己动手为荣；三是加拿大高中就会教这些技能课程，教育很到位。

3.婚姻观。这个话题非常严肃，加拿大人通常不说"爱"，而只说"喜欢"。因为爱太严肃，背负太多的责任。只要你喜欢我，我喜欢你，就可以同居，但不一定会结婚。如果结婚生子，在抚育子女上，既不用保姆，也不会依赖父母。有优越的社会制度和国家保障，在加拿大，养孩子不是为了防老，只是为自己丰富一段生命历程！

4.子女的教育。加拿大人十分注意培养孩子独立自主、自力更生的意识。老人如果去逝，大多不给子女留遗产。孩子们也不会为了遗产而产生争执或矛盾，因为，自己的生活自己挣，没有一丝外来闲钱的可能性。这样，在加拿大也就不存在"富几代"的问题，因为只可能是"富一代"，下一代的富与贫还是得靠子女自己。

5.孩子成年后自己赚钱上大学。加拿大父母是不负责18岁以上孩子的任何费用的，包括上大学的学费及生活费。当然也不给儿女买房子，不帮忙儿女带孩子，不跟儿女一起住。子女可以自己贷款上大学，等工作后赚了钱再还银行。如果子女对上学读书不感兴趣，也可以选择不上大学，高中毕业后直接找工作，想读书了，再去进修。读书及文凭不是拿出来给别人看，更不是为父辈的面子，而是为自己的需要。我看到不少40-50岁的中年人在大学里面进修，这是很平常的事儿，他们内心都很淡定坦然。

**关于金钱**

1.加拿大人不存钱。工作是为了生活，为了享受生命的过程。加拿大人喜欢度假(Vacation)而不是到此一游(Travel)。度假是家人朋友选一个地方住一周两周，旅游是到处跑景点拍照。冬天也爱度假，工薪酷爱去古巴(热带，五星服务又超级便宜)；中产酷爱去美国佛罗里达；退休老人或有孩子的夫妇酷爱坐邮轮Cruise。对于加拿大人来说，无论是养老还是生病都有良好的保障，那还留着钱做什么？旅游就好了！

2.朋友之间别借钱。普通加拿大人钱包里的现金通常不超过50加币，相当于不到300元人民币。这里，特别提醒一下：最好别和加拿大人借钱。也许在国内你和同事、同学借几百元不是大事，但在加拿大很可能被拒绝，一是对方随身不会带许多钱，二是观念不同，不愿意借钱给人。加拿大有这么一句话"借了钱，朋友丢脸！"

3.赚了钱，就得交税，就得雇佣一位专业的会计师。加拿大人每年至少见两次会计师，第一次是报税纳税，第二次是咨询如何少纳税。"交税光荣，偷漏税可耻！"这一点在加拿大已经深入人心。加拿大人认为花自己该花的钱，心安理得，"主也不会找自己的麻烦"！

4.不欠别人的情，也不让别人欠自己的情。加拿大人和朋友外出吃饭，如果没有人说"我有喜事儿，我要感激你们，我请客！"，一般情况下都是AA制。所以，加拿大的饭局是开心的、真情的，绝对不是应酬，能够在一桌吃饭的绝对是情投意合的哥们儿、姐们儿，不用礼尚往来，不用讲排场，排座次。

**待人接物、生活修养**

1.排队是习惯和修养。加拿大人排队，从不插队。需要排队的地方一般地下都有一道排队等待的线。其实，国内的银行，售票处等公共场合的地面上也有等候线，但通常都被直接忽视了，即使看到了，很多人也不知道这线是干什么的。倘若你看到了，还真的隔出一段距离，站在了线后，结果就是有人插你的队。可在加拿大，就不能再视其为虚无了，得老老实实地站在线以外等候。

2.汽车的喇叭按键形同虚设，很少有人用。加拿大人开车遵守交规，即使深夜无人的时候也要等红绿灯。无论是司机还是乘客，一上车就系安全带。

3.少给别人添麻烦。加拿大人分类投放垃圾(可回收、不可回收、电池、废电器等)，无论在公共场所还是在家里。这是很好的习惯，这类举手投足背后的修养也有一个共同的初衷：尽量少给别人添麻烦。这里多说一点，如果你垃圾分类不规则、没有养成良好的垃圾分类习惯，在加拿大有可能租不到房子，即使租到了，房主看到你不分类摆放垃圾，也可能会收回房子。

4.微笑总是挂在脸上，友善、友爱总是源自心底。加拿大人对左邻右舍或偶然相遇的人微笑，不只是礼貌和阳光，也是自信和习惯使然。对每个人诚意的微笑，真是特别美好的一件事情。当然，我认为也许是在这块大陆上人类较少的缘故吧，见到同类是一件开心的事儿？

**最后的忠告**

这里,我还是想说国人在海外应该坚持自己的文化,这是外国人尊重你个人和尊重我们民族的基础。

每个出国在外的人,都要爱自己的祖国、爱自己的民族,有自信,以自己是一个中国人为荣!我们要有民族自豪感,向加拿大宣传:我们来自中国——世界第二大经济体、四大文明古国之一、人类文明的发源地;我们民族的历史源远流长,上下五千年,英雄万万千;我们民族的文化博大精深:孙子兵法、四大发明、大禹治水、孔子和孟子、丝绸之路、中国的道家学说等等。我们要做一个有民族气节和有文化底蕴的人,出国留学不光是学习西方的文化和知识,还要传播中华民族优秀的文化遗产。

# 第二章
## 为什么送孩子去加拿大读高中

一、过去十年间赴加留学人数增至 2.5 倍

二、低龄留学加拿大的优势

三、高中留学加拿大后的四条出路

四、中国与加拿大高中教育之比较

五、高中留学加拿大的常见误区

在本章开始之前,我希望大家对子女的教育和发展方向做一个冷静的思考,同时也对未来家庭的定位做一个权衡和考量。孩子出国留学往往不是简单的出去读几年书、花一些钱、个子长高了就再回到父母身边来。事实并非如此!出国留学往往对孩子和家庭造成比较大的影响,这一步要深思熟虑后再迈出!所以以下问题想明白了、都有答案后,再做决定不迟!

1.孩子为何不能在中国读高中?中国高中有哪些地方不适合自己的孩子?

2.出去读书、特别是低龄出国留学对孩子的坏处和好处有哪些?让自己孩子冒这个险,值吗?

3.孩子中学就出国,大学也要在国外上,这是一笔不小的开支,值得投入这么大吗?

4.低龄留学,也许会有一位家长也陪读,这样可能会造成家庭情感中心的转移,想过吗?

5.假若孩子从中学就开始出国留学,大学毕业后在当地找工作,以后极有可能不回国了,做家长的舍得吗?

当这些问题都想明白了,最后我们再来思考这个问题:

为什么要去加拿大读高中呢?这也是本章要重点探讨的内容。

# 一、过去十年间赴加留学人数增 2.5 倍

中国教育在线讯,2014年3月13日,由中国(教育部)留学服务中心、中国教育在线联合主办的"留学行业发展与挑战"论坛在清华大学隆重举行,同时也发布了《2014年出国留学趋势报告》。

**图表18:2003-2012年中国赴加拿大留学人数**

加拿大一直是中国留学生的主要留学目的国,近些年来,中国赴加留学的人数平稳增长。为了进一步推动国际学生赴加留学,加拿大于2014年1月发布《国际教育战略》,该战略旨在使选择到加拿大留学的国际学生和科研人员数量在2022年翻番,达到45万人次。

从上图中可以明显看出,中国赴加拿大留学人数从2004年起一直呈上升趋势,到2012年,中国赴加拿大留学的新生人数达到了25,346人,比2004年增长了近2.5倍。

据加拿大教育中心留学资料称:留学加拿大的中国学生中,通常有六成是高中生。在我们看来,之所以越来越多高中生选择去加拿大留学,主要是因为加拿大的大学普遍拥有较高的教学质量,且九成以上都是公立院校,收费和教育资源都有很好的保障,而它们对于中国高中生的录取要求也相对宽松。对于中国学生来说,只要语言过关,即可与加拿大学生一同进入大一学习,而无需参加大学预科课程。即使语言不过关,多数加拿大大学也设有语言中心,对学生短期提高语言水平有很大帮助。

## 二、低龄留学加拿大的优势

低龄留学，我们应该首先考虑到的是劣势，比如孩子小，自控能力弱，自理能力差，自我保护能力不强，一旦出国，要面对陌生人群和环境，对低龄孩子的挑战是比较高的。如果不是非常有必要，建议孩子再大一些出去，这样家长会更放心一些。但是，如果换一个角度来看，现在很多家长是为了锻炼孩子独立学习、交往及生活的能力，所以在高中、甚至是初中阶段，就将孩子送往加拿大等国留学。孩子一个人在国外生活，被迫增长许多能力，比如要适应新的环境、新的朋友，还有学习新的语言和知识等，这些是他们在家长身边难以学会的东西。"家长狠下心，孩子能力长！"说的就是这个道理。总之，何时送孩子出去要看孩子的实际状况和家长的承受能力啦！

加拿大作为留学性价比较高的国家，环境安静优雅、安全舒适，另外从教育水平、学习与生活的花销、移民政策、气候、治安等各方面综合来看，加拿大都具有一定的优势。近几年，赴加拿大的低龄留学生人数逐年增加，甚至有不少学生刚刚读小学，家长就把孩子送往加拿大留学了，也许是为了增加孩子未来的竞争力吧。加拿大留学如此吸引小留学生，接下来我就跟大家探讨一下为什么低龄留学在加拿大这么普遍，这么受欢迎。

**1. 送孩子留学，当然要到教育水平高的地方去**

加拿大的学制和所学内容属于欧美教育体系，其学历在全球被广泛认

可。如果学生在加拿大高中毕业后想到美国、英国等国家读大学，是非常容易的。加拿大对院校的教育质量管理非常严格，无论是公立学校还是私立学校。

### 2.留学费用在英语留学国家中性价比最高

与美国相比，加拿大公立中学的学费和各项生活开销总计大约为每年10-15万元人民币(美国公立中学不对国际学生开放)，普通私立中学的学费和生活费每年18-22万元人民币左右，低于美、英、澳等国家的平均每年30万人民币。

### 3.加国的人员整体素质高，国泰民安，对留学生来说：学习环境好

任何一个国家都有不好的、消极的、甚至是危害留学生的因素存在，但加拿大的这类因素相对较少，换句话说：加拿大留学安全，令家长放心！这也是很多家长不选择其他英语类国家，而选择加拿大留学的重要原因。加拿大吸收国际学生和移民已经很多年了，习惯多元文化，且对人友善，学生很容易融入当地环境。

### 4.加国的洋学堂没"高考"，入读名牌大学更容易

加拿大有些省份有所谓的"省考"，但通常都非常简单，而在全国也没有像中国这样统一的"高考"。他们非常重视学生在平时的课堂、论文、讲演中的表现，不提倡太大压力的"统考"。加拿大高中与大学之间的合作越来越紧密，也在很大程度上放宽了入学标准，让国际留学生更易升入世界名校。比如，多伦多的某些中学就设有名校保证班，就读名校保证班的学生可以顺利进入多伦多、麦吉尔、滑铁卢等名校。

### 5.就业容易、移民政策好

加拿大是一个老龄化严重且婴儿出生率非常低的国家，所以劳动力缺乏，特别是技术类工种，对这类人加拿大从来都是采取敞开大门的态度。近年来更是出台一系列留学移民政策，为加拿大留学生提供良好的工作和移民机会。加拿大有着活跃的经济土壤，有着优越的生活条件和宽松的人文环境，是全球福利最好的国家之一，对于希望先留学后移民的学生来说，绝对是一个好选择。有关这一点，在下一章会专门分析和比较各个国家的留学生

申请移民的情况,这里就不再赘述。

### 6.留学政策稳定,高标准的签证门槛

加拿大是名副其实的高端留学国家,加拿大的签证是有门槛的,且门槛相对来说比较高。目前加拿大使馆的签证率约为70%多,主要是对学生的学习成绩,家庭的存款记录和父母的工作背景有要求,这一点各位家长要有充分的考虑,对父母的工作的要求通常是有稳定收入的公职人员或是企业经营者。可以说加拿大以对签证材料的高标准来保障加拿大高端、安全的学习氛围。

众所周知,美国、英国已经形成了留学产业、留学行业商业化,但加拿大还没有形成教育产业化,目前还主要依托于政府资助教育,所以我们可以用最合理的费用来享受最高端的北美教育体系。毋庸置疑,未来十年加拿大将吸引全球更多国家的学子赴加留学、深造!

# 三、高中留学加拿大后的四条出路

高中毕业，在中国和在加拿大都不是什么新鲜事儿，高中毕业意味着初等教育的结束，孩子们都已满18岁，都有了成人的思想并要承担相应法律责任了。那么，在加拿大，高中毕业后能做些什么？有什么选择呢？

**1. 学一门专业技术，找工作，申请移民**

在加拿大，上一个College或是职业类学校，学一门自己喜欢的专业技术，1-2年之后就可以参加工作了。因为，工作不难找、也不难做、工资也不比本科低多少，所以，加拿大的很多孩子会根据自己的意愿，不一定要追求高学历，追求幸福的生活才是最重要的。

在加拿大，国外留学生，工作之后，如果自己愿意就可以提出移民申请。加拿大政府相信受过本地初等和高等教育的学生，能够更好地接受当地的文化，与当地人和谐相处，并将所学应用在当地。为此，那些顺利完成两年高等教育的中国留学生，可以合法获得三年的工作签证，这是一个难得的国际化机会。当然，即使参加了工作或申请了移民之后，再进入大学深造本科及研究生也是可以的，也一样可以圆一个孩子对高等教育的梦想！

**2. 入本科学习**

据相关数据表明，在加拿大，有约不到半数的高中毕业生愿意升入本科学习。为什么愿意读本科的人还不到半数呢？一是，当地孩子不见得都愿意读书、也不太追求高学历，高中毕业工作很正常；二是，一些孩子在College学习后，可以先工作，以后同样有机会可以再上本科。当然，在加拿大，父母不负担孩子的大学学费，孩子做出先工作的选择，其实也是出于从经济方面的考虑而做出的比较现实的决定。

在加拿大，中国留学生完成三至四年的高中教育，并拿到高中毕业证后，在申请加拿大的大学时，可以免考雅思或是托福。学生在加拿大高中学习期间获得的学习经历、课外活动，以及社区活动经历，更容易被北美教育体系认可，而获得教授推荐或教务长评估也是可以顺利进入大学的一个重要机会。

### 3. 去美国或欧洲继续读本科

加拿大高中毕业后，可以申请美国或欧洲的大学。去加拿大以外的地方读大学，可以领略不同国家的风土人情，今后找工作也可以在加拿大以外的地方，比如进入欧洲的公司工作，这也是一个蛮好的选择。

### 4. 高中毕业后回国发展

其实，并不是每个人都希望在国外发展，这是可以理解的。在国外学习了很多的知识，完成了初等或高等教育，当然可以选择回国了。假若家里还有企业，需要马上回去打理并继承，那就毕业后回国吧。

## 四、中国与加拿大高中教育之比较

对比中加两国高中的教学方式及某些细节，深感两国教育存在很大差异，这些差异与文化、传统、宗教，特别是人口数量的不同，以及待人接物的态度都有很大关系。这里就着重谈一谈两国教育的差异。

**1. 理论上** 中国学生每天要背大量的、统一的标准答案或凭借反复做题来加深印象。而加国的教学注重学生思维发展，个性、能力的塑造。学生可以有自己的看法，只要意思对了，观点正确即可。我们通常没有足够的耐心教学生推导的过程，也没有耐心听学生推导的结论，只是给出标准答案就完事儿了，当然更别提看个性化的答卷了。

**2. 课堂上** 在国内，上课时基本99%都是老师在讲，学生没有太多发言，更没有被鼓励表达自己观点的机会。老师一人在台上滔滔不绝，学生则是思绪万千。学生的求知兴趣被打压，思维和推理能力被限制。而加国的老师讲一会儿，就鼓励学生们参与活动发表自己的看法，这样就培养了学生的胆量和思维能力。

**3. 作业上** 中国学生的作业量大，作业门数多，但大都是重复的、机械式练习，耗时且不需要动脑筋，占去了学生大量的课外活动时间。加国的作业比较灵活，要求学生自己查找资料，写篇小论文，或者通过自己的推导得出一些不同于书本上的结论。这些做法具有鼓励作用，可激发学生的学习热情，进而锻炼了学生各方面的能力。

**4.成绩上** 每个学生学了一学期总该有个成绩吧？家长都会关心自己的孩子进步了没有。中国的老师、家长重视的是平时测验、期中、期末考试的成绩。而加国更注重的是平时课堂表现，比如积极参加讨论、观点是否犀利、跟其他小组成员相处的是否和谐、出勤率、作业完成的质量等，这些约占总成绩的 70%，测验考试仅占 30%。所以，在加拿大，学生成绩的好坏，重在平时，重在表现，而不是重在考试！

**5.素质上** 加国鼓励孩子去福利院、老人院、医院等做义工，体验社会、体验付出、参与社会实践，并要求每年达到一定时间段，比如 30 小时。这种在实际工作中的体验，可以使学生正确认识周围的环境及提高与人相处的能力。而中国学生的社会实践比较流于形式，通常是随便找个单位盖个章，就完事大吉。

**6.课程上** 加国重视学生的全面发展，除了主要课程，还有许多选修课，分商科、自然、艺术、技术、社会等五个系列，学生以一个系列为侧重点，由低向高逐级选修上去。在高中阶段培养自己的一技之长非常重要，这种给学生选择的机会也是加国非常人性化的体现。

**7.教材上** 加国学生的教材是重复使用的，学完每门课，学校都要收回，给下一届用，就是为了节约资源。加拿大选择这样做的益处是培养孩子节省及爱护自然环境的意识。有钱、有资源，但也不浪费、不过度地开发自然资源！中国教材是人手一册，以一个学生一年平均二十本计算，全国有上亿学生，每年的纸张浪费惊人，还不包括人工费、印刷费、运输费等一系列的费用。

总结一下，中国的学生围绕知识点反复背诵、练习、做题，对知识点掌握得牢靠，演算基本功扎实；加拿大培训孩子的思维、推导及创造力，重视课外活动和体育课，重视孩子的全面发展。以上是个人观点，大家可自行斟酌。

## 五、高中留学加拿大的常见误区

很多家长在为孩子申请加拿大留学时，通常会想当然地认为自己该怎么做，而这些想法又与实际的操作相左，我们就姑且称之为"误区"吧。这些误区主要有：

### 1. 按排名选择高中

与美国不同，加拿大提倡个性化的发展，特别是在教育方面，不鼓励强烈的竞争及标准化排名。所以，加拿大中学没有官方正式排名，选择加拿大中学要参考地区、社区、课程设置（包括AP和IB课程）以及生活便利性等来选择。加拿大公立高中整体教育质量比较均衡，要根据学生实际情况具体筛选。针对"如何选择学校"这个问题，本书后面会开辟一整章来做详细说明。

### 2. 留学就去美国，美国教育最发达

这个问题，是一个见仁见智的问题。但是，有一个数据供你们参考：从2007年到2014年5月，申请国外中学的中国学生有31.85%选择了加拿大，就是说差不多每三个出国的中学生就有一个到加拿大读书。加拿大已成为大多数高中生留学首选。

### 3. 想明年去读中学，那就明年开始准备

如果准备明年9月出国，建议提前至少一年着手准备，其中包括英语学习

及对国外当地生活知识的积累。加拿大高中分2和9月入学，提早申请，获得好学校录取的机会就越大。有条件的家庭也可以通过参加夏令营或研学游的方式，选择两三所高中，先实地考察一下。

### 4.教会高中不能去，他们都要你信教

宗教自由是每个加拿大人的权利，但强迫信教，这在加拿大是绝不可能发生的。教会学校只是多一两门宗教方面的课程，而这对于中国学生了解西方文化是有益的。相对地，天主教学校校风更严谨，对学生的要求更严格，学习氛围也更好，对于自律性较差的学生来说是个不错的选择。

### 5.孩子在加国，我们在国内，老师们都说英语，我们就无法了解孩子的在校情况了

坦率地讲，这事儿是有可能发生的呦：当家长不了解那边的情况，申请到一个以前从来不接受留学生的学校，而你的孩子又是第一个录取，那么就可能会有这方面的问题啦！但透过我们咨询和介绍的加拿大中学都是有专门的学生管理中心的，家长如有问题，也可及时与学校或与监护人联系。有些学校还设有体系完整的抵加后续服务，可给予学生全面帮助。这类问题，请家长们都不用担心！

### 6.孩子英语不行，没有雅思和托福成绩，申请不上

家长们通常会想：出国留学，那边说英语，自己孩子就得英语好，而且是爱学英语才行！但是，加拿大中学普遍对中国学生无雅思、托福要求，部分私立或贵族中学要求小托福（TOEFL Junior,初中托福）和SSAT（Secondary School Admission Fcst,美国中学入学考试）成绩。所以，不一定要英语成绩，但，英语毕竟是重要的沟通工具，还要重视！

### 7.家长不能陪读，因为没有陪读签证

加拿大不存在陪读签证，只有访问旅游签证，但这并不意味着家长真不能有陪读行为。家长可以申请多次往返探亲或是旅游签证，最多可以拿到10

年有效期多次往返签证,并且成功率很高。

### 8. 在加拿大读中学,就只能在加拿大读大学

在加拿大中学毕业的学生,可以申请全球的大学,包括美国、欧洲、澳洲等国家。加拿大中学的优质教育全球闻名,在申请大学上更有优势。

### 9. 到加拿大读书,首选亲戚家附近的学校

这是中国的传统思维了:在家靠父母,出门靠朋友!我觉得送孩子出国首先要把这个"靠"字去掉,培养其独立意识,以选择适合孩子的学校为先。如果有亲戚朋友在周边固然好,没有,也无所谓!一般说来,住在寄宿家庭和学生宿舍,能给孩子更多认识不同国家朋友的机会。

### 10. 语言成绩好了,就能上名牌大学

这肯定不对!加拿大大学录取要看高中生的平时成绩和学科成绩,除语言是基础要求外,每一科的平时成绩才是关键,因此,中学里要选择适合的课程,使得孩子平时成绩比较突出,这才是上名校的"硬条件"。

以上是总结出来的家长们常犯的"想当然"的错误,在这里分享,希望大家不要再走弯路!

# 第三章

## 留学应与移民通盘考虑

一、分析美国对留学生学成后的移民政策

二、2015-2016 澳大利亚留学生技术移民新政体系

三、新西兰留学后移民条件之介绍

四、留学－工作－移民，八个国家政策的分析与比较

五、加拿大留学后再移民的政策介绍

六、加拿大吸引留学生的"读书－工作－移民"签证计划

约八年前,中国人出国留学与现在留学目的有许多不同。以前,国内的经济发展迅速,对留学归国人员是"求大于供",所以,我们送孩子出去可以争取到更好的受教育机会,增强孩子的竞争力,学成后回国找一份好工作不成问题。

目前,随着海外留学归国人员的增加,特别是某些非英语国家留学归来的学生数量增加很快,另外再加之国内经济发展速度放缓,对"海龟"的需求也越来越有限。一些普通的工作岗位不需要应聘者有过硬的外语或海外生活经历,"海龟"不再具备就业优势。因此就出现"海龟"不愿意干这份工作,那份工作也不愿意要"海龟"的现象,进而,越来越多的"海龟"沦为"海带(待)"!

基于这样的社会现状,希望送孩子出国留学的家长们的思想也开始发生转变:既然出去留学、适应了国外的生活环境,"海龟"回国后的竞争又这么激烈,干嘛还要孩子学成后回国呢?在留学的所在国找份工作,在当地生活不是很好么?

综上所述,中国人出国留学的目的已然发生了变化,送孩子出去,不仅仅是留学,而是学成后留下来在国外发展。但如何才能够留在当地呢?一般来说,当地人需要的是英语好、接受当地人的价值观、适应当地生活环境的年轻人。年龄稍大的,像要去国外读本科、甚至读研究生的留学生,由于年龄比较大,价值观已形成,再加上留学年限短、课业紧张,即使学术英语过关,生活英语也不一定能沟通顺畅,较不易融入国外的生活圈子。既然大龄留学走不通，那该怎么办呢？于是，低龄化留学悄然兴起。越来越多的初中及高中生不愿重复父辈的人生路，一个个坚定地走上了留学之路，希望探索全新的生活环境。他们是一群勇敢的人、对自己未来负责任的人！

初中或是高中出国留学，这是一个关系到一个家庭的情感中心及经济重心转移的问题，同时也会影响到一个家庭未来几十年的发展。因此，家长们已开始普遍将出国留学和学成后移民做了通盘考虑。那么，随之而来的问题是：送孩子去哪个国家呢？哪个国家需要更多的留学生，会给留学生更多的工作机会呢？工作一段时间后，中国孩子会被当地人接纳为本国公民吗？

目前，美国、英国、加拿大、澳大利亚、新西兰这几个接收移民的国家，移民的类型大致分两类，一是成人移民，包括技术移民和投资移民；二是学生留学后，在当地工作一段时间，再申请移民，这一类被称作"经验移民"，就是依靠学习和工作经验来申请移民。本章就重点讨论第二类，既如何做好国际留学生的移民规划。

# 一、分析美国对留学生学成后的移民政策

这里就美国的国际留学生移民问题来讨论一下,分3个问题来谈:

**1. 美国移民的类型,5种:**

EB-1 杰出人才,教授、研究人员;

EB-2 专业技术人才,硕士以上;

EB-3 非技术工人、技术员(技术类要求:学士学位、两年以上工作经验);

EB-4 特殊技术人员,比如神职人员;

EB-5 投资移民,投 50–100万美元,在美国经营一个企业,雇佣 10名当地员工。

**2. 详述 EB-3 类移民申请条件:**

1)年龄21–55岁;

2)非技术类,初中以上(母语是非英语的人很难申请到);专业技术类;

3)两年以上工作经验(专业技术类,一般要求本科及以上学历;3年专科+3年工作经验;2年专科+10年工作经验);

4)体检健康、无犯罪记录;

5）最好有10万美元资产；

6）有雇主担保（雇主先向劳工部提交LCA（Labor Condition Application，劳动条件申请表），再向移民局提交H1-B签证申请并承诺当地法定最低工资标准）；

从申请至拿绿卡，至少需24个月。

### 3. 美国留学生的唯一移民通道 —— H1-B 工作签证转绿卡

H1-B签证是提供给特殊专业人员及临时工作人员使用的签证。也是外国留学生获得美国绿卡的传统途径。申请获得绿卡的步骤：

#### 1）寻找工作

持F1学生签的学生在大学毕业后，可以获得美国政府颁发的为期1年的实习工作签证（OPT Optional Practical Training）。1年内，必须找到愿意提供雇主担保的工作机会。如果没找到，就回国，不用再想留学移民了。

#### 2）等待工签配额

找到工作后，雇主为学生提交H1-B工作签证申请，等待移民局发布的工作签证配额指标，抽签决定。据数据显示：2014年提交工作签证人数 17.25万人，而美国当年的工作签证配额为8.5万人，也就是说，当年应有 50%的学生得不到H1-B工作签证，待实习签证期满后，就得回国。切记，在工作之前，应得到雇主承诺，愿意为你申请办理H1-B工签及美国劳工部颁发的劳工证。H1-B签证以三年为一期，期满可以再延长三年。

#### 3）申请移民

拿到H1-B工作签证的留学生一般申请移民类型为 EB-2（专业人士，硕士以上）、EB-3 技术劳工，工作两年后可申请绿卡。据 2014年3月当时排期显示：当月正处理EB-2 类型 2009年2月15日提交的申请；EB-3 类型处理到 2012年9月1日的申请。这就意味着，在递交移民申请后，要等候 5-10年方可拿到绿卡。2015年12月31日，奥巴马政府公布了一项新的法规，要求持H1-B

的外国劳工在完成所有申请绿卡的程序前，不必受限于"取得签证和工作许可是同一雇主"的规定，只要在相同或相似领域工作，即可无限期的留在美国。

所以，美国学生签转绿卡之路总结为"三个步骤"

1）F1学生签&实习工作签证（OPT）

2）LC（劳工证）& H-1B专业技术工作签；

3）申请EB-2（硕士以上）、EB-3（本科以上）类移民。

家长们可以思考一下，孩子通过哪一条路径才能拿到美国绿卡呢？

## 二、2015-2016 澳大利亚留学生技术移民新政体系

本文将分析在2015-2016澳大利亚留学生技术移民体系下，留学生在澳大利亚完成学业后，如何预测和评估成功申请澳大利亚技术移民的可能性。在新的留学生技术移民体系下，对能否成功申请澳大利亚技术移民的分析，可以分成三步：第一步是判断申请人是否符合留学生申请澳大利亚技术移民的基本条件；第二步是申请人根据自身条件和能否获得担保，选择正确的技术移民签证类别；第三步是针对需要打分的技术移民签证类别，判断自己是否可以达到移民通过分数线。

### 1. 留学生申请澳大利亚技术移民的三个基本条件

1）**年龄**：在收到移民申请邀请之日(at the time of invitation)，年龄未满50周岁。

2）**英语能力**：在收到移民申请邀请之日(at the time of invitation)，取得IELTS四个单项均不低于6分的成绩，并且取得该IELTS成绩的考试日期在两年之内。学术类IELTS或移民类IELTS成绩都是认可的。

3）**提名技术职业**：189、190和489移民签证的申请人，在递交移民意向申请（EOI）时，必须提供已经通过了相关的移民职业评估的证明材料，并

且提名职业必须为在相应的澳大利亚技术职业列表（Skilled Occupation List）上的职业；其他类别移民签证的申请人，在递交移民签证申请时，必须提供已经向相关的移民职业评估机构申请了职业评估的证明材料，并且提名职业必须为在相应的澳大利亚技术职业列表（Skilled Occupation List）上的职业。

### 2. 留学生技术移民的五个签证类别

#### 1）189类（PR）Skilled- Independent Permanent Visa 独立技术移民（永居）签证

获得此类签证的申请人，可在澳大利亚永久工作、学习和生活，可享受医疗保险和其他社会保险，有资格申请成为澳大利亚公民，并且可以担保其他人申请澳大利亚移民。要获得此类签证，申请人除了需要符合申请澳大利亚技术移民的基本条件之外，还需要达到移民打分通过分数线（目前设定分数线为60分）。

#### 2）190类（PR）Skilled- Nominated Permanent Visa 担保技术移民（永居）签证

获得此类签证的申请人，可获得与189类签证相同的权利。要获得此类签证，申请人除了需要符合申请澳大利亚技术移民的基本条件之外，还需要获得州/地区政府担保，并且达到移民打分通过分数线（目前设定分数线为60分）。获得州/地区政府担保的申请人，需要承诺在获得190类签证之后，至少在指定的州或地区居住满两年。

#### 3）887类（PR）Skilled – Regional Permanent Visa 边远地区技术移民（永居）签证

获得此类签证的申请人，可获得与189类签证相同的权利。887类签证为489类签证持有人的移民通道，489类签证持有人在签证有效期4年内，在澳大利亚边远地区、或人口低增长城市、或指定地区居住满2年，工作满1年，即可申请转为887类签证。也就是说，489类签证转为887类签证，无需再次申请职业评估，无需再次提交英语能力证明，也无需打分。在这里，"工作满1年"的概念对工作内容没有限制，也允许是自雇形式，但是要求是全时工作（澳大利亚统计局将全时工作定义为每周工作不少于35个小时）。另外，全时工作可以是一份工作，也可以是两份兼职工作，但两份兼职工作加在一起的时间同样每周不得少于35个小时。

### 4）489类（TR）Skilled – Regional Sponsored (Provisional) Visa

**边远地区担保技术移民临时签证**

要获得此类签证，申请人除了需要符合申请澳大利亚技术移民的基本条件之外，还需要获得州/地区政府担保或者移民局认可的澳洲亲属担保，并且达到移民打分通过分数线（目前设定分数线为60分）。在此类签证下，被移民局认可的澳洲亲属是指年满18周岁的澳洲公民或永久居民，并且是申请人的父母、兄弟姐妹、叔伯舅姨姑、三代以内堂（表）兄弟姐妹、祖父母或外祖父母；同时，澳洲亲属还需要常住在移民局认可的澳大利亚指定地区（Designated areas of Australia）。获得此类签证的申请人，若是通过州/地区政府担保的，需要同意在澳大利亚边远地区或人口低增长城市（Regional Australia/Low Population Growth Metropolitan Areas）工作或学习；若是通过被移民局认可的澳洲亲属担保的，需要同意在澳大利亚指定地区（Designated areas of Australia）工作或学习。489类签证的有效期为4年，签证持有者如果4年内在澳大利亚边远地区、或人口低增长城市、或指定地区居住满2年，工作满1年（没有工作内容限制，并且包括自雇工作self-employed），可以申请永居类技术移民签证。另外，489类签证到期前，如果申请人尚未能满足申请永居类技术移民签证的条件，可以申请将489类签证延期一年，但是最多只能申请延期一次。

澳大利亚边远地区或人口低增长城市（Regional Australia/Low Population Growth Metropolitan Areas）：维多利亚州（墨尔本除外）、南澳洲全境、北部地区全境、塔斯马尼亚州全境、昆士兰州（布里斯班和黄金海岸除外）、

西澳洲（佩斯除外）、新南威尔士州（悉尼、纽卡斯尔、中央海岸和卧龙岗除外）

澳大利亚指定地区（Designated areas of Australia）：包括维多利亚州全境、南澳洲全境、北部地区全境、塔斯马尼亚州全境、首都地区全境、昆士兰州（布斯斯班除外）、西澳州（佩斯除外）、新南威尔士州（悉尼、纽卡斯尔和卧龙岗除外）。

**5）485类（TR）Skilled – Graduate (Temporary) Visa 技术毕业生临时签证**

这一签证类别专为那些完成学习后不能马上满足移民条件的留学生而设，从而使他们得以在澳大利亚继续居留18个月（Graduate Work Stream）或者2-4年（Post-Study Work Stream），以期提高英语能力或者获得澳大利亚工作经验。485类签证不打分，因此要获得此类签证，申请人只需要符合申请澳大利亚技术移民的基本条件即可。485类签证没有任何工作或学习的限制性规定，485类签证持有者可以在澳大利亚的任何地方工作、学习或旅行。485类签证持有者可以通过在提名职业或密切相关职业不少于12个月的澳大利亚工作经验来获得澳大利亚工作经验分，也可以通过参加并完成不少于12个月的移民职业培训项目（即职业年，Professional Year）来获得职业年加分。485类签证持有者可以在签证有效期的任何时间申请189类、190类和489类签证，也可申请雇主提名签证。

## 三、新西兰留学后移民条件之介绍

留学新西兰的一大好处是新西兰的移民政策相对比较宽松，学成之后可以比较容易达到技术移民的条件。近些年，移民打分中，工作经验打分比以前提高了很多。高学历和短缺行业的移民难度降低了，这里所说的高学历是指在新西兰获得硕士或博士学位。

**新西兰留学移民条件变化如下：**

1.完成技术移民加分课程的学生，可以获得6个月的无限制性工作许可；

2.学习中学12、13年级和部分英语语言课程的学生被纳入到了允许兼职打工的学生群体范围，但需要符合一些条件，包括英语语言水平；

3.符合条件的学生在学习期间可以申请到每周20小时打工时间，原来为每周15小时；

4.任何所学课程达到或超过了12个月的学生都可以申请在暑假期间全职工作；

5.技术人才短缺专业学生和攻读研究生课程学生的配偶可以申请与其课程期间一致的无限制性工作许可；

6.技术移民的提交申请仍按100分记。符合条件的留学生都可以递交移民申请。移民局将会在一定期限内完成移民审批并尽快制定相关制度。

新西兰学生技术类移民，雅思最少6.5分。移民的及格分为100分，达到100分可以递交移民，但暂时不会得到批准。因为新西兰移民局审理移民申请是按照分数的高低来审理的，也就是得分在140分以上的先审理，然后再依次往下审理。这意味着得分刚刚达到100分，只能是递交申请上去，什么时候轮到，就不好说了，长则数年，短则2-3年。

除了雅思，同时还要满足很多其他要求，新西兰是打分制，主要的打分项为以下方面：

1.已经并正在新西兰工作12个月或者12月以上：60分

2.新西兰工作聘用邀请或者正在新西兰工作12个月以下（最低3个月）：50分

3.已获得新西兰雇主的技能雇佣书：50分

4.在新西兰工作或者新西兰聘用邀请是在未来发展地区，或者是属于绝对紧缺专业：10分

5.工作在奥克兰地区以外：10分

6.配偶已经在新西兰从事技能工作或者获得了新西兰技能雇佣书：20分

7.相关工作经验：（就职业于跨国公司或短缺行业才予以计分）2年：10分；4年：15分；6年：20分，8年：25分，10年：30分

8.新西兰工作经验： 1年：5分 2年：10分 3年或以上：15分

9.在未来发展地区工作或者在专业短缺地区工作 2-5年：10分；6年或者更多：15分

10.学历

新西兰学历评估机构承认的资格证书或大专学历：40分

新西兰学历评估机构承认的本科学士学位：50分

新西兰学历评估机构承认的硕士、博士学位：60分

至少有2年以上的全日制新西兰学习经历：（加分）5分

新西兰获得的学历证书：（加分）5分

在新西兰获得的受认可的硕士学位和博士学位：（加分）10分

所获资格证书属于未来发展领域或紧缺行业：（加分）10分

11.年龄 (20～55岁) 20-29岁：30分；30-39岁：25分；40-44岁：20分；45-49岁：10分；50-55岁：5分

12.新西兰亲属担保 10分

以上这些条件根据个人情况打分，满100分，即可递交申请。

另外技术移民新西兰所需要费用如下：

新西兰政府收取的费用

1.递交申请材料时缴纳新西兰政府的申请费：1,360新西兰元。

2.新西兰技术移民税：每人235新西兰元。

3.根据申请人的英语水平，缴纳金额不等的英语培训费：

3.5分以下：6,650新西兰元；

3.5分至4分：5,000新西兰元；

4分至4.5分：3,350新西兰元；

4.5分至5分：1,700新西兰元。

其他

1.新西兰技术移民体检费：

12周岁以上申请人913元人民币；

5-12周岁申请人581元人民币；

5周岁以下申请人415元人民币。

2.IELTS考试费：人民币1,250元。

3.公证费：

出生、无犯罪、未婚类每份人民币104元，副本费每份人民币10元。学历、学位、结婚证类每份人民币128元，副本费每份人民币10元。

## 四、留学－工作－移民，八个国家政策的分析与比较

以上，分析了美国、澳大利亚以及新西兰的留学后再移民的政策，相信大家应该对这三个国家的政策有了一定的认识，也不难看出哪个国家吸引留学生的诚意及力度更大吧？下面，我们再把视野放得更开一些，除了刚刚讨论的三个国家，再一起比较包括欧洲在内的8个国家是怎样对待留学生移民问题的。

21世纪的中国，已将出国留学与个人增值的概念紧密联系在一起，在国际经济发展的舞台上如何造就实力和施展个人才华是当下每一名积极进取的青年反复思考的问题。2008年中国高校毕业生近550万，高中毕业生近1,485万，双双创了历史新高，国内就业形势日趋严峻。同时，各国留学、移民利好政策不断，今年出国留学人员总数将会比去年有所增长，有可能历史性地突破30万。在逐年大热的出国巡展上，无数的人在寻找出路，无数双眼睛都在期待指导。如何为留学生规划未来呢？

当前，美国、英国、澳大利亚、加拿大、新西兰等教育大国每年都在不断调整和完善本国的政策，以吸引更多的海外生源去留学。秉承这样的原则，传统移民国家都在大幅度调整本国针对留学生的移民政策，新的移民政策既开放又理性。2007年至今，各国政府针对留学毕业之后的就业移民政策也是各出新招。

**1. 美国**：签证政策松动，投资移民成优选。

（注："投资移民"是针对成人，不对学生，对国际留学生并无利好）

有人称2007年为"美国留学年"。2007年赴美签证总数比2001年的2万份几乎增长了1倍，比2006年增长了近40%。美国留学最大的问题是签证。经过几年的保守主义政策，2005年美国国务卿赖斯向各领事馆发出备忘指令，美国学生签证政策稍稍放松，签证成功率相比往年提高了很多。美国签证率的提高，激发了很多中国学生赴美留学，同时也激发了英联邦主要留学国家间对留学生源的竞争，极大地刺激了留学市场的繁荣。美国留学生毕业之后，一般都有1年实习工作期。在这一年中，可以找工作，可以在美国合法居留。美国国土安全局在2008年4月4日又颁布新规定，该规定延长了理工科学生毕业后的实习期，从原来的12个月延长至29个月(近2年半的时间)，为在美国留学的学生提供了极大的方便。目前该规定仅限于自然科学、技术、工程或数学(STEM: Science, technology, engineering and mathematics)类的学科，不包括社会科学、商学(social science,business)等学科。

**移民指数：★★★★**

美国移民政策中投资移民是近几年大热的新项目。对于投资移民申请人的要求比英联邦国家要宽松得多，申请也较为快速，一年左右即可获得绿卡。但其对资产要求比较高，且需满足雇佣人数的条件。

**2. 加拿大**：毕业可续居延长期限，加拿大移民可选择空间最大。

加拿大联邦政府移民部2014年4月21日宣布，放宽国际留学生在加国工作签证期限，由现行一至二年，延长为三年，申请时如果是硕士及以上学历，就无需提供雇主聘请证明，无需必须从事与所学相关的工作。此前，温哥华、多伦多和蒙特利尔三大城市只核发一年工作签证，其他地区为两年。留学生只需要有一年管理、专业、技术工作经验，就可以通过"加拿大经验类别移民"，申请成为永久居民。加拿大联邦政府移民部移民部长范茵丽指出，2008年加拿大吸纳移民总指标将定在24万至26.5万人，移民部将加快处理那些已经身在加拿大求学或有工作经验的人士。完成学业后可直接申请1—2年的毕业生工作签证。

**移民指数：★★★★★**

加拿大的移民种类可以说是可移民国家中最多的，加拿大以其稳定的移民政策和完善的福利政策吸引众多想移民的人士。除了加拿大联邦及魁省的技术移民之外，加拿大还有联邦投资移民，魁省投资移民以及各省提名项目。加拿大的技术移民采用打分制，根据申请人的学历、英语能力、年龄和工作经验来评估。通常在加拿大完成大专以上教育，英语流利，有一年以上的工作经验(包括在国内的工作时间)便可符合办理条件。加拿大的商业移民则更为看重的是申请人的资产及管理经验等方面的条件。

**3.澳大利亚**：新移民政策广泛推行，澳移民政策变化快。

2007年9月1日，澳洲移民局出台了新的移民政策。其中对中国留学生影响最大的莫过于毕业后可申请临时签证。以前不符合移民要求的留学生只能打道回府，如今的新政更方便留学生积累工作经验和社会阅历，也增加了移民的机会。国际留学生在澳大利亚毕业后，若无法立即满足永居条件，可以申请为期18个月的澳大利亚毕业生技术签证(Skilled-GraduateVisa，485类)。不受限制在澳洲境内工作、学习或者旅游。

**移民指数：★★★★**

另外，在澳洲境外认可大学（亚洲认可18所大学，其中中国12所）完成学业，并符合澳洲紧缺技术需求的毕业生，可获得澳洲18个月的临时签证，不受限制在澳洲境内工作、学习或者旅游。澳洲也包括技术移民及商业移民项目。澳洲的技术移民看重的是申请人的职业。所有技术移民申请都需先经过澳大利亚评估机构的评估，评估通过才可递交移民局。澳大利亚商业移民看重的也是申请人的资产情况及管理经验。澳大利亚的移民政策比加拿大的移民政策变动是比较快的。

**4.英国**：毕业可续签1年，高技术移民门槛高。

2007年3月28日，英国教育技术部(DFES)部长签发了"国际毕业生计划"(IGS)，从2007年5月1日开始，在英国取得本科或以上学历的任何专业的国际留学生，没有任何专业限制，毕业之后均可留在英国一年找工作，一年后可以继续在英国居留。英格兰大学毕业的大学生在毕业之后还可以获得两年工作时间。受到新政策影响，留学英国的热潮持续升温，英国使馆签证处官方消息称去年全年中国赴英学生签证成功率达到80%。与此同时，英国还于2008、2009年提供给中国留学生200个实习机会，加强职业技能方面的培训，这种举措更大程度上改变了以往留学生高分低能的现状。

**移民指数**：★★★

英国推行高技术移民政策，也采用打分制度。英国本科或硕士毕业加一年的工作经验(对工作地点没有特殊要求，但要求年薪在10万人民币左右)可以申请。不止对申请人的学历有要求，对于申请人的收入也有很高的要求。

**5.新加坡**：签证容易，移民几率高。

新加坡的教育制度是在原英国教育体系的基础上发展与完善的，因此与英国等西方国家教育体系相通。另外，由于新加坡是一个以华人为大多数的国家，所以该国的教育又带有浓厚的东方色彩。新加坡非常欢迎中国学生去新加坡读书。在新加坡留学，费用相对较低；签证相对较易；没有语言障碍；毕业后也有可能留在新加坡工作或移民。新加坡留学的劣势：学位不如西方国家的有力；在新加坡不可能学到地道的英语或是汉语!如果就读新加坡国立理工学院，可以申请政府贷款，最高可达学费的85%，但学生必须与政府签定合同，保证毕业后在新加坡工作3年以上。

**移民指数**：★★★

新加坡一直以来推行自由经济体系，广纳人才。欢迎世界各地的企业家和专业人才来新加坡定居。接收新移民的条件越来越宽。同样的，由于新加坡是双语系国家，华人占70%以上。加上地理位置较欧洲国家或美国、加拿大

更接近中国。因此越来越多的中国人选择新加坡作为移民的理想目的地。

**6. 新西兰**：移民政策大调整，工作签证开放。

（注：国家较小、工作机会总量不大、对毕业生所学专业及与专业相关的工作经历审核较严格）

2007年7月31日，新西兰正式实施新的移民政策，较大程度地放宽了移民打分标准。新西兰移民部长戴维·坎利夫表示，新政策的颁布有利于新西兰吸纳国外人才，保持国家竞争力。从2007年11月起，在新西兰毕业的留学生可以直接申请到12个月的开放式工作签证，不受限制地在新西兰境内工作、学习或者旅游，有些专业比如建筑、会计等专业毕业生可以申请更长年限的工作签证。而旧政策下，该期限仅为6个月。

**移民指数**：★★★

由于留学新西兰的海外留学生几乎已经用掉了新西兰的年移民配额，因此国内的申请人若想直接移民新西兰还是有很大瓶颈的。

**7. 德国**：移民政策面临变革

2007年，德国大联合政府内阁会议上传出消息，为应对德国缺乏专业人才的现状，未来在德外国留学生在获得德国大学学位后，可以在德国工作三年。另外，德国还将开放东欧国家专业人才来德的限制。毕业生留德工作不限专业。与此同时，德国各大媒体普遍报道，外国留学生在获得德国大学毕业文凭后，将可以"毫无障碍"地在德国工作三年。根据目前移民法规，在德国的外国留学生仅被允许在毕业后以寻找工作名义获得一年签证。据德国经济部不久前公布的有关数据，2007年德国专业人才瓶颈问题将给德国造成超过两百亿欧元的损失，占国内生产总值的1%。但是，德国联邦政府有关留学生毕业后在德国工作三年的决定细节尚未披露。

**移民指数**：★★★

今天的德国正以其完善的投资环境、优惠的政策及优良的生活品质成为国人赴海外工作、投资和生活的新热点。与目前在国内推行的一些其他投资项目相比，在德注册公司所需注册资金的最低投资下限只要2.5万欧元(公司注册成功，这笔资金可以自由支配)。

8、法国：新移民法出台，增加移民机会。

在法国政府加大教育拨款、驻华使领馆积极组织各类活动等背景下，法国留学市场一片"利好"。2007年下半年，法国通过了《新移民法》。新政策使留学生在毕业后更容易获得在法国工作的机会；一些出类拔萃的留学人员将有可能获得法国公民待遇。所有赴法学习硕士或硕士以上课程并持有长期学生签证的外国留学生，将在留法的第一年自动获得有效期为一年的"临时居留证"。与以往不同的是，从第二年起，这一证件将自动转为有效期为"多年居留证"。

**移民指数：★★**

对想留在法国工作的留学生来说，必须要掌握法语。获得法国高等专业文凭的留学生，由于参加过很多实习，因此被认为有一定的工作经验，也会拥有更多的就业机会。

从各国新近出台的针对海外留学生毕业之后的政策可以看出，不管是移民国家还是非移民国家，这些教育大国都在有针对性地调整海外留学生的就业政策，以吸引更多的海外人才，同时也为这些海外人才毕业之后在本国发展提供一个较好的平台。对于那些工作经验丰富、英语能力较好和学历水平较高(尤其重视留学学历)的海外留学生，其申请移民的机会和把握与以前相比，都有了较大幅度的提高。

不符合移民条件的留学生，包括非移民国家比如英国的留学生，都希望能在完成学业之后，有机会逗留一段时间寻求工作、以寻求发展的机会。针对这样的需求，非移民国家也基本都出台了相应政策，使留学生毕业后可直接获得1-3年的工作签证。各国政府在充分了解海外留学生的需求背景下，不断地调整本国的教育政策、签证政策和针对海外毕业生的出路政策，充分反映了这些教育大国对海外优秀人才的渴望，他们对于留学生的输出大国中国的关注度也在逐年升高。

## 五、加拿大留学后再移民的政策介绍

**1. 中华网教育频道 2014 年 11 月 04 日讯:"2015 年经验类移民配额为 2.3 万人"**

2014年10月31日,加拿大联邦公民及移民部部长亚历山大(Chris Alexander)在多伦多宣布了2015年度移民计划,2015年最多吸纳28.5万名新移民,较2014年增加2万人左右,创加拿大历史新高。其中以留学生为申请主流的经验类移民名额被提高到2.3万个,较2014年增加8,000人左右。尤其值得关注的是,"快速通道 EE"于2015年1月实施。

对留加学生最有利

加拿大2015年度移民计划为28.5万,新的移民配额大致会按照以下的比例分配:64.9%为经济类移民(18.13万人),24.4%为家庭类(6.8万人),10.7%为人道主义难民类移民(2.98万人)。

经济类移民包括联邦技术移民、经验类移民和省提名计划移民。2015年移民计划主要增加经济类移民名额,其中联邦技术移民配额为51,000人,经验类移民为23,000人、省提名计划移民为48,000人,均创下历史新高。

在家庭团聚类移民方面,2015年准许6.8万名通过家庭团聚类移民的申请，其中4.8万个名额给予配偶及子女申请，2万个将给父母和祖父母申请。据悉，移民部2015年1月将接受5,000个父母、祖父母的团聚申请，但对担保者要求大幅度提高，需要提供三年报税证明、依亲年纪从22岁降到19岁、担保周期将会是20年、担保者最低收入标准上调30%。从2015年配额的分配比例中，可以看到加拿大2015年吸纳的主要目标会集中在"适合并会在加拿大本土工作和生活"的移民申请群体，这对于在加的留学生来说有很大的优势。

留学生申请联邦经验类移民须具备的要点，综合此前各类信息，具体如下：

1）留学生须在加国读书两年或至少16个月以上且获得大专以上文凭才有资格申请联邦经验类移民CEC；

2）需提醒的是三年间累积1,950小时的工作经验是指获得工作签证以后的工作时间，之前的不算；

3）获得工作经验的工作除了要与所学专业正相关外，还必须是加国《全国职业列表》中所列之工作，即NOC之0类(管理工作)、A类(专业工作)，而B类(技术及技工类)工作的项目每年限200个，也不再接受厨师、食物服务监督、行政人员、行政助理、会计技术人员与簿记、零售销售监督6个职业的申请，并且加大对语言要求核查力度，对不合格者即行终止审批；

4）通过安保检查、无犯罪记录；

5）提供工资证明，缩短获批时间。让雇主在自己的工作经验证明上注明工时及工资。这样做，移民官认为是聪明的做法。

### 2.2015年加拿大7省移民最新政策解析

申请加拿大留学的学生不仅要了解留学政策还要了解加拿大移民新政策，这样对未来的就业移民也会有帮助，下面就为学生们详细介绍下加拿大各省移民最新政策，希望能给学生们提供一些帮助。

1）安大略省Ontario留学转移民申请条件

留学生在安大略取得硕士学位（至少一年学制），只需雅思7.0分，单项

不低于7分，即可直接申请移民资格，名额每年大约有1000个；如果取得博士学位（至少两年学制），无需任何条件，可直接申请移民资格，每年大约1000个名额；有工作offer的国际生，申请条件与经验类移民类似。

2）新斯科舍省Nova Scotia转移民申请条件

加拿大留学认可一年制文凭，为新省提供工作offer的雇主连续工作3个月即可申请移民。

3）爱德华王子岛省Prince Edward Island转移民申请条件

加拿大认可的两年制毕业证，与专业相关的工作offer，6个月的工作经验。

4）阿尔伯塔省Alberta转移民申请条件

加拿大认可的两年制毕业证(博士硕士可1年)，与专业相关的工作OFFER，6个月的工作经验。

5）萨斯喀彻温省Saskatchewan转移民申请条件

技校或者中专毕业，接受满一年的教育并且有半年的萨省境内的工作经验即可申请；专科或以上学历，毕业后持有相应的工作签证，无需工作经验也可申请移民；博士硕士类(最少一年制)，萨省大学或里贾纳大学，有在萨省定居意向，无需工作经验即可申请移民。

6）加拿大曼尼托巴省Manitoba转移民申请条件

加拿大留学认可的一年文凭，持有曼省工作offer并实习工作6个月后，就可以申请移民。有60%学费返还，总数不超过2.5万加币和免费医疗(毕业于任何加拿大公私立大专以上院校，完成学位、文凭或是证书且留在曼尼托巴省工作的国际学生，只要在曼省工作纳税即可)。

7）加拿大英属哥伦比亚省British Columbia转移民申请条件

凡在BC省取得自然科学、医疗及应用科学博士、硕士学位的国际学生，可直接申请移民；大专以上学历国际生，从毕业后一年延长至两年，并增加了符合申请资格的职业类别。

## 六、加拿大吸引留学生的"读书－工作－移民"签证计划

### 1.SPP 计划

1）2010年7月15日，SPP计划正式执行的消息公布于加拿大驻华使馆网站。

SPP即Student Partners Program，中文翻译为"中加国际学生合作计划"，使馆介绍说，SPP旨在提高加拿大留学申请通过率，是为中国学生前往加拿大"公立学院协会成员院校"设立的特别渠道。

目前SPP计划接受两种形式的申请：第一种无需雅思成绩，但需要十二个月银行历史证明；第二种则需不低于5.5分的雅思成绩，无需提供十二个月银行历史证明。两种方式都需要向申请的SPP计划合作院校缴纳至少5,000加币的学费押金收据副本，还需要签署一份信息披露表，允许校方将学生在加拿大的出勤情况向签证办公室反馈。我们预测，今后将有更多加拿大学院和大学加入到SPP计划中，而通过SPP计划申请加拿大留学的中国学生不但可以得到优先处理，而且也能获得较高的通过率。

### 2）加拿大社区学院协会

加拿大社区学院协会是提供中学后教育以及职业技能再培训的主要机构，旗下有120多个会员学院，此次共有40所院校参加此计划。其中4所大学，分别是昆特兰理工大学、菲莎河谷大学、麦科文大学、温哥华岛大学。除麦科文在阿尔伯塔省外其它三所都在BC省，而学院则主要集中在安省和BC省。其中乔治布朗学院（与加拿大约克大学以及澳洲、美国等大学有合作协议，学生可转学分入读世界名校）、圣尼加学院、雪尔顿学院（动画设计专业最出名，该校的教授和学生们参与制作了"泰坦尼克号"）、百年理工学院、汉博学院、尼亚加拉学院等社区学院与加拿大某些大学有合作协议，学生可在社区学院修读2-3年后转学入读名校。

### 3）就读加拿大社区学院有四个优势：

——申请门槛低，易于申请。对平时成绩不太理想，但英文或是法语成绩好的学生就特别有利。大家都知道申请加拿大学院毕竟比申请大学容易一些。

——学位认证：社区学院提供的学位认证全球认可，包括2-3年的大专文凭，3-4年的本科学士学位（以上适合国内中专、高中生、职高学生、在读大专／本科学生），以及1年制研究生课程（适合大专毕业生、本科毕业生）。如果学生在社区学院学习两年后想进一步升读大学学习，可以"跳板"本科名校。在社区学院的学分可以转入大学，无需进行入学考试，1-2年就可以本科毕业，获得学士学位。

——就业实习保障：加拿大的学院和很多企业有紧密联系，提供带薪实习课程，无需学生自己寻找实习企业，不少学校的学生一毕业就可获得工作机会。

——学费低且便于移民：比起本科毕业生,报读此课程的学生获得移民的分数更高。学费则相对低廉，一般每年需要1.2－1.3万加币,比四年制的大学便宜4,000-5,000加币。目前，加拿大还推出了留学生返还学费计划，学生最高可获60%的学费返还。

## 2.SDS 计划

自从SPP 计划推出后，加拿大政府又相继推出了GIC及SDS 留学生签证计划：

◇ 2010年7月15日，SPP 学生合作计划实施；

◇ 2011年5月3日，推出GIC；

◇ 2012年4月28日，SDS 直入学习计划实施。

GIC（Guaranteed Investment Certificate）计划是2011年5月3日实施的，允许符合条件的申请人通过申请指定加拿大银行投资证（GIC）取代原本需要的多数资金文件，从而简化了签证申请的资金材料。它是一个过渡性计划，这里就不做详述。下面就目前实行的SDS政策做重点解读。

加拿大学习直入计划（Study Direct Stream）也就是SDS，这个计划对于学习成绩相对较好的学生有巨大帮助。SDS已逐步取代及优化了原来的GIC及SPP计划。新计划的实施，在原有旧政策基础上，进一步拓宽了学生语言成绩要求及学校录取的范围。SDS计划实施以来，受到国际留学生的广泛欢迎。

**SDS 计划详细内容：**

1）Checklist for Study Direct Stream for Study Permit Application（学习直入计划学习许可签证申请审核表）第 14 条表明：若你无来自被认可的加拿大高中学历，请递交在课程开始前2年内取得的平均分不低于 6.0 的雅思成绩、或在课程开始前2年内取得的平均分达到 B2/Level 4 的法语 TEF 考试成绩。

分析：相对于以前传统申请方式及 SPP 计划的语言要求来说，不仅仍可以通过英语成绩进行申请，还可以通过法语成绩进行申请。这对于以法语为主要专业，或者是法语比较优秀的人来说，无疑有了本质上的改变。虽然此计划对雅思的要求是 6 分，比 SPP 计划多 0.5 分，但对于绝大多数申请者来说，仍然是比较容易达到的分数（注：官方明确表示，托福成绩不予承认）。

2）Checklist for Study Direct Stream for Study Permit Application（学习直入计划学习许可签证申请审核表）第 16 条表明：由加拿大参与金融机构出

具、显示申请人已存入足以负担本人在加第一年学习期间费用的证明副本，或申请人已支付第一年学费的证明，或显示存款金额足以负担申请人第一年学费的银行证明。

分析：此条款相比 SPP 计划以及 GIC 计划来说，并无太多改变。但有些时候，"没有改变就是好的改变"。对于广大资金有困难的同学来说，仅需要出具能够负担的起第一年学费的证明，或者是直接付清校方所需的第一年学费，再加上存入加拿大皇家银行的一万美金，即可以解决资金问题。从此不再需要动辄几十万元的一年期固定的存款，同时也不需要解释资金的来源。

3）与 GIC 计划相比，放宽了对学校录取通知书的要求，不再对录取形式有所限制。也就是说，除了直读以外，有条件录取（包括无语言及低语言双录取和预备课程录取）也被纳入了体系之中。

4）与 SPP 计划相比，院校限制由先前的 ACCC 院校（5 所 基础类大学，40 所社区学院），扩展到了所有医博类、综合类、基础类、学院类院校，选择余地大大拓宽。

**SDS 计划总结：**

1）资金方面：无需准备金、无需解释历史。

2）语言方面：可以通过英语申请 – 雅思 6 分，也可以通过法语申请–TEF B2。

3）录取方面：可以直读，也可以双录取或预科（满足雅思不低于 6 分）。

4）选校选择：所有医博类、综合类、基础类、学院类院校。

从 2010 年的 SPP 计划，到 2011 年的 GIC 计划，乃至 2012 年的 SDS 计划，我们可以看出：加拿大越来越淡化对学生的资金要求，同时逐渐加强了对语言的要求。再加上今年年初移民政策的大刀阔斧的改革，加拿大越来越欢迎受过加国本土高等教育、语言（英语、法语）能力强的移民申请者落户加拿大。

# 第四章
# 概述加国初等教育及学校类型

一、概述加拿大中学的教育体制

二、中学学制简介（以安大略省为例）

三、与中国比较，加拿大中学的教育特点

四、公立学校

五、普通私立学校

六、贵族私立学校

七、国际学院（College 私立学校的一种）

八、教会学校（既有公立又有私立，但通常认为私立居多）

九、四类高中的优劣势

## 一、概述加拿大中学的教育体制

加拿大没有类似于中国的教育部,既没有联邦层面统一管理全国教育相关性事务的中央机构,而是将教育职能分到下面的各个省及地区。教育服务由联邦、省、和地方三级政府共同提供拨款和监管。各省议会负责自己的教育立法,校董事会由地方选举产生的代表组成。加拿大的公立学校隶属于各个省的教育厅管理,每个城市或地区都会有多个教育局(School Board)或学区(School District)来管理其所在地区的公立学校。每个教育局或是学区可以管理几个乃至几百个学校不等,学校的数量要根据当地居民对学校需求的多少而设。一般来说,人口密集的地区,比如温哥华或多伦多,一个学区下属至少有几十所中学;而对于人口稀少的北方省,教育局下属可能也就1-2所学校。另外,每个学校的学生数量也不一样,有的学校上万学生;有的学校仅百人左右。

虽然加拿大10个省和3个地区都有自己的教育体系,比如安省的高中学制是4年,而BC省是3年,但所教内容"大同小异"。加拿大的国家教育分4块:学前教育、幼儿园至高中12年级义务教育、高等教育、成人教育。

在加拿大,中小学以公立教育为主体,另有私立学校和教会学校作为补充。还有一种"家庭私塾",就是政府允许有条件的家庭自己为孩子提供学科教育,这适用于家长学历较高且对孩子有特殊教育方法要求的家庭。中、小学课程由省教育厅统一制定各个学科的教学大纲，即一个省内的教学课程及内容是完全一致的，而省际间则不太一样。主要科目为语言艺术、数学、科学、社会学，其它还有体育、音乐、艺术(手工艺术)、家政等等。需指出的是加拿大除了数理化这样的学科类课程外，还特别增加了实用性强的课程，比如社会、家政、有的甚至还有家庭会计和手工。可以说，加拿大的初等教育，高中部分以教学为重，而小学和初中学习多为引导和兴趣培养居多。

在有招收国际留学生的学区，特别是留学生具有一定规模的，学校会考虑为留学生提供英语强化培训课程(ESL)。学生英语能力提高后再转入常规课程学习。如果学生在常规课程学习不满两年，部分大学招生时会要求学生提供语言能力测试成绩(托福、雅思或其它认可的成绩)。

总体来说，加拿大中学的教育体制是以公立为主，以地方城市教育局进行划分，学习内容基本相同，而教学质量普遍比较高。

# 二、中学学制简介（以安大略省为例）

## 1. 加拿大中学学制与中国中学学制对比

**初中**

加拿大：两年，K7年级、K8年级。

中 国：三年，初一、初二、初三。

**高中**

加拿大：四年，K9年级起至K12年级；

中 国：初三，高一至高三。

中国初中一年级 = 加拿大7年级（加拿大初中第一年）约13岁

中国初中二年级 = 加拿大8年级（加拿大初中第二年）约14岁

中国初中三年级 = 加拿大9年级（加拿大高中第一年）约15岁

中国高中一年级 = 加拿大10年级（加拿大高中第二年）约16岁

中国高中二年级 = 加拿大11年级（加拿大高中第三年）约17岁

中国高中三年级 = 加拿大12年级（加拿大高中第四年）约18岁

## 2. 高中毕业标准

安省高中分为四年（部分省份为三年，比如，BC省），每门课程被赋予学分，采用学分累计，学生四年修满30个学分便可以毕业。其中18个是必修学分，12个是选修学分，每学分为一门110学时的课程。从中国转学至加拿大，按中国学生必需完成11或12年级并修满安大略学术学分OAC（Ontario Academic Credit），方可毕业。换句话说，必需在加国读两年高中并修满学分才可毕业。当然，社区服务，40个小时必不可少。

### 必修学分（共18个学分）：

英语：4个学分（9-12年级英语课程各1分）

法语：1个学分（第二语言课程）

数学：3个学分（其中至少1个学分是11或12年级的教学课）

科学：2个学分(相当于中国的物理、化学、和生物)

加拿大历史：1个学分

加拿大地理：1个学分

艺术：1个学分（可从舞蹈、戏剧、媒体、音乐、视觉艺术这些艺术课修得）

体育：1个学分

公民教育：0.5个学分；

职业规划：1个学分

附加学分——每组1个学分

第1组

- Additional English　　　　　　　　　　附加英语
- Third Language　　　　　　　　　　　第三门外语
- Social Science and Humanities　　　　　人文与社会科学
- Canadian and World Studies　　　　　　加拿大与世界研究
- Guidance and Career Education　　　　职业教育与引导
- Cooperative Education　　　　　　　　合作教育

第2组

- Additional Health and Physical Education　　附加体育教育

- Additional Arts　　　　　　　　　　　　附加艺术课
- Business Studies　　　　　　　　　　　 商业课
- Cooperative Education　　　　　　　　 合作教育

第3组

- Additional Science (Grade 11 or 12)　附加科学（11或12年级）
- Technological Education (Grades 9-12)　技术教育（12年级）
- Cooperative Education　　　　　　　　 合作教育

**选修学分**

学生可任意选择12个学分的选修课程

选修课能让学生发展自己的兴趣爱好，并且适应大学、学院、学徒制训练和工作的需求。

### 3. 学期学时安排

- 学年共分为两个学期：9月-1月，2月-6月
- 学生每个学期修4个学分；每个学生的课程时间表都是个性化的
- 每节课为70分钟
- 午餐时间：60-75分钟

### 4. 课程设置

学生在11和12年级时就可以开始专攻感兴趣的科目

- 艺术：音乐、戏剧、视觉艺术
- 商科：会计、市场营销、国际商务
- 理工科：制造业、自动化、绘图、酒店管理
- 科学：物理、生物和化学
- 数学
- 计算机：计算机工程、编程

从9至12年级，学生将拥有越来越多的选择机会

- 学生必须为进入大学而提前作计划。
- 学生可以选择以下3个深造路径：大学、大专、职业学院。

**5. 对学生成绩的评定**

- 通过学生全年的表现来进行评估，期末考试占30%，平时课堂表现等占70%，比如积极参加讨论、观点是否犀利、跟其他小组成员的相处是否和谐、出勤率、作业完成的质量等。
- 期末考试由学校自行拟定，而不是由上级教育部门统一制定；
- 毕业证不写学校名称，只与学校所在省份有关；
- 学生进入大学，没有统一高考，重点考察学生的在校成绩和其它因素，例如面试、作品和试镜等等。

**6. 教育特色**

- 小班授课：班级规模为15-30人。
- 形式多样的教育手段和方法。
- 鼓励学生向老师及同学表达观点；较多的小组作业。
- 教育重点：解决问题、创新思维和推理能力；提高文学修养和数学技能；不仅让学生了解信息，而是让学生知道在何时及如何使用信息；能够自动表达观点和看法，并获取新的知识。

**7. 其它课程**

**1）ESL 英语 VS 学分英语课程**

ESL英语课程涉及语法和词汇的学习，它主要帮助国际学生提高英语水平，以达到安大略省高中课程的英语要求。

学分英语课程的内容是文学，包括：诗歌、古典和现代文学。它帮助学生提高书面和口语表达能力。

**2）体育运动**

男孩：Football、Soccer、Volleyball、Basketball、Hockey、Golf 等等

女孩：Basketball、Rugby、Volleyball、Hockey、Swimming、Skiing、Soccer等等

### 3）课外活动：

| | |
|---|---|
| · Band | 乐队 |
| · Drama | 戏剧 |
| · United Nations | 联合国 |
| · Student Council | 学生会 |
| · Athletic Council | 运动队 |
| · Grad Committee | 校友会 |
| · Robotics Competition | 机器人竞赛 |
| · Math Contests | 数学竞赛 |
| · Outer's Club | 户外俱乐部 |
| · Science Fair | 科学展览 |
| · Christmas Sharing | 圣诞分享派对 |
| · Trips Abroad | 国外旅游 |
| · Plus many others | 及众多其它活动 |

## 三、与中国比较，加拿大中学的教育特点

**1. 理论课程总是配合实验课，培养学生的实际动手能力** 我觉得加拿大的高中有些像中国的工科类大学，实验室比较多。比如家政、烹饪、缝纫、家电维修、房屋修缮、水暖、婴儿抚育等，学校会为学生设计各种与生活息息相关的实践课，让高中生毕业走进社会就是一个能干的人、具有独立生活能力的人。

**2. 注重发挥学生的创造力和参与意识** 在课堂上，许多孩子抢着发言，积极表达自己的观点，哪怕是引起哄堂大笑也不畏惧，反而会受到鼓励。一个积极发言的孩子，通常可以得到较高的课堂分数。而积极主动参与的精神更是一个人一生的财富：学习积极、生活积极、找工作积极、运动积极，这样的孩子就阳光、正面，自然不会消极自闭。

**3. 注重培养学生小组合作能力，鼓励学生在众人面前表达观点或作讲演** 老师布置的作业通常是可以独立完成的，但老师经常会要求小组内协调完成，由每个人做出其中的一个部分，再与其他小组成员共同讨论，最终完成一个小组作业。学校意在培养学生与别人合作的能力：主动承担并承诺自己所负责的部分会按时、按质完成，否则其他同学们会给你低的评价，说你Teamwork精神不够好！经过这样的练习，学生在与其他人合作时会更好一些，为替别人着想，与人相处得也会更加融洽。另外，在众目睽睽之下学生

能够组织自己的思维并进行阐述，这个能力也不是一两天能够练成的，需要经过长时间的培训与练习。

**4.注重培养学生的竞争意识和集体荣誉感！** 一般情况下，学校里通常会有两个队，比如，黄队和红队，学生在进学校时就被分配到其中的一个队里面。两个队随时都在比，比如学习成绩、体育比赛、义工评价等等。学生一到队里面就有老队员带，老队员会教新队员应该怎么做才会给本队增光，不会给本队丢脸。一个学生的表现不单代表自己，还代表他所在的队。学校用这种方式培养学生的集体荣誉感。

**5.管理者们总是为学生走出校门后着想**。毕业后，学生们需要在怎样的环境内生活和工作，学校就想方设法地在校内的各种活动中模拟，比如带着学生们走进政府部门，参观企业并与企业高管对话，企业领导也会应邀谈一谈企业喜欢什么样的毕业生等。另外，也会组织学生志愿者小组去社区参加各种劳动、义工以便多接触社会。所以，加拿大的高中毕业生在进入社会后都是比较能干的，自理能力都很强。

从以上五点可以看出加拿大教育管理者设计高中课程的目标与中国的高中教育目标不同：加拿大教育管理者设想的是大部分高中毕业生会选择不上大学，而直接参加工作，工作中需要什么能力，高中就得培养学生这些方面的能力；国内的教育考虑的是绝大多数高中毕业生都需要去上大学，而不是直接参加工作，因此，更侧重的是知识点的百般锤炼，历届高考题的分析及模考技法，以确保大学升学率。由于出发点的分歧，造成加中高中教育的差异：中国的素质教育只是停留在书面，难以实现并获得成效；学生的兴趣和特长得不到培养；学生阳光的性格也得不到塑造；高中毕业生普遍没有生存技能等等。所以，国情决定教学目标，而教学目标又决定给孩子上什么课！

**下面就加拿大的四类高中做详细的解读：**

## 四、公立学校

公立学校，顾名思义就是政府出钱设立并维护的学校。学校校长的上级是公立教育局，教育局的上级是各省的教育厅。学制、课程、教师及教学水平，甚至作业量基本都是统一的。大部分的加拿大孩子都上公立学校，因为直至高中毕业都是免费的。这里提出一点，不是所有的公立学校都对国际留学生开放，大部分公立学校负担本地孩子的教学任务已十分繁重，学校内没有空位，只有少数公立学校接受国际生。所以，不是所有的加拿大公立学校，中国孩子都能进，得看学校的具体招生范围而定。

**公立学校的特点，如下：**

1.**有的公立学校没有语言课程。**一般招收国际生的学校都设立有英语强化培训课程ESL，其培训费不包含在学费内，需另外收费。如果英文水平达到某个要求后，就可以不再修这门语言课程。

2.**申公校要趁早。**只有公立学校有空位才会对外招国际生，通常一个学校的名额，往往不超过10人，所以，申请公立学校要早一些。

3.**公立学校通常不住校。**在加拿大，公立学校的设置是按需设置，有了居民区才设立学校，这一点与中国设立学校的原则是相同的。所以，大家会发现公立学校往往在居民区内，步行可至，通常校内没有宿舍。

4.**英文环境好。**公立学校的教学水平大体是平均的，同一个省内基本无差别。公立学校内大都是本地孩子，英文环境好，中国学生就读一两个学期后，英语能力都会与本地学生差不多。所以，英语环境没得说！

**5.学费最低**。公立学校是政府出资建立的，教学设施和教师工资都是由政府包办，因此政府对公立学校的监管也是最严格的，所以，其收费在加拿大的几类学校中最低。

## 五、普通私立学校

根据加拿大统计局的资料，目前全加拿大有私立中小学1,500多所，在校中小学生有近30万人，约占中小学生总数的5.5%。而在15年前，全加境内只有约300多所私立中小学，15年内增加了5倍。可见在政府的鼓励下，加拿大私人办基础教育的发展步伐有多快！

为什么有些加拿大人千方百计把孩子送到私立学校呢？加国家长同中国家长一样，都希望自己的孩子多学些知识，将来的竞争力强一些。私立学校的最大特点是"校风好、多住校、管理严、作业多"。私立中学大部分都要求学生住校，也有小部分学校开设在较密集的住宅区，有住宿条件的孩子可不住校。学生住在学校，意味着课外活动时间校方可控，就会安排更多的课外课程及体育课。体育课一般是集体性的，通常一个孩子回到家就不太会有体育活动了，因为失去了群体效应，找不到可以玩到一块的同龄人。所以，孩子在私立寄宿学校里面的学习更容易被强化且体育锻炼比较充足。另外，私校的老师较多，学生较少，每个学生受到的老师关注度要高许多！

加拿大社会内已经形成一种风气，从私立学校出来的学生，一般都能在社会上找到一份好工作，随着年龄增长，他们在社会上担任的职务也越来越重要。加拿大人也是很讲人情的，许多在同一学校学习的同学，步入社会后会很自然地形成一张看不见的关系网，在复杂的社会生活里，相互提携，给

予彼此帮助。

  在多伦多就有这么一所很有名的私立高中，每年学费为2.6万加元，住宿费2.5万加元，两项加起来5万多加元。能在这种学校就读的孩子，背景多半是企业主、银行家、律师等有地位的家庭，没有一定经济实力是负担不起的。

## 六、贵族私立学校

　　一说起贵族学校，大多数人的第一反应可能是土豪才上得起。其实所谓贵族，不单只代表着金钱，更代表的是学校的综合实力。这些贵族学校绝不是土豪比富的场所，更不是把"富家子弟"还培养成"富家子弟"，而是把"富家子弟"培养成社会精英的场所。如果学校没有这个能力，就要关门大吉了。在加拿大，有的私立贵族学校已有百年历史，大都以校规校纪严格著称。我们会在后面提供有百年历史的私立学校名单。

　　随着富裕家庭在社会上的比例逐年增加，每年申请入学的学生量也随之迅速增加，但贵族私校的数量并未随之增长，这就造成了入学条件逐年上升的情况，入学难度也越来越高。时至今日，能得到入学机会的学生，其家庭富裕程度固然很重要，但学生自身更需品学兼优，才能在众多申请者中脱颖而出。前面有谈到了从国内转学到加拿大的高中通常是不需要英文语言成绩和SSAT成绩的，那是针对公校和普通私立学校。但是，想进入贵族私立学校就必须要这两个成绩，而且分数低了是进不去的。

　　**关于加拿大贵族私立学校的优势，可以归纳为以下几点：**

　　1.历史悠久，很多名校早在十九世纪就已建校。这个"历史悠久"意味着不少事儿，比如社会知名度、教师积累、教学方法的总结等等，都是新办

学校无法比拟的。

2.严格遵循培养未来领导人才的教学传统与理念,近百年来为加拿大培养了无数知名政治家、企业家、科学家、经济学家、艺术家以及各类专业人才,如医生与律师。

3.生源优秀,都是来自加拿大本地的上层社会家庭,所受家庭教育比较好。

4.学校开设各式各样的必修及选修课课程,从学生的思想、举止、行为做事、礼教、学术、心理、兴趣爱好、体魄、职业规划等多方面进行精心培养。

5.老师多、学生少,比一般的私立学校的师生比更高。

6.这类学校的高中毕业生基本都进入加拿大或是美国的名牌大学,人才辈出。

这类学校对于中国孩子来说很不容易进,一般要求中国的孩子是重点高中,且学科成绩和英语成绩都很优秀,其英语口语表达流利,个人履历有特色,兴趣爱好广泛。部分学校还要求雅思或是托福成绩,有些甚至要SSAT及面试,面试时,校方会希望招到开朗、自信、反应敏捷的孩子。我们工作室一年也就送几个这样的孩子,多了就照顾不过来,因为关注点太多,比普通学校手续要繁琐不少。

## 七、国际学院（College 私立学校的一种）

**College**，这类学院听起来更像是大学，其实是综合性很强的国际高中，是针对国际留学生的特殊需求而设立的当地学校，受当地教育局的严格监管。语言强化课程是这类学校的特色，通常会有语言班和托福班，音乐和艺术课程也为学生提供了全面发展的机会。学院会招聘优良的师资并配有现代化的教学设备，比如，多媒体电脑室、宽带网络和智能宿舍等，为学生们全面缔造了一个稳扎根基的学习环境。

### 1. 生活关怀备至

加拿大国际学院会为学生提供一个安全舒适的生活环境，使他们可无忧无虑地专心学习。

1）住宿生晚间免费补习

2）宿舍全年开放，节假日不用迁离

3）免费享用健身中心

4）组织社交及市内康娱活动

### 2. 融入当地特色课程

以下培训可以强化让学生有学分及证书的课外课程学习，从而建立学生的全面发展纪录，增强其融入当地社区的能力。这些培训包括：

1）多元文化的生活技能

2）职业技能，比如医护、幼教、社工等等

3）学习技巧、具体课题的研究和论文编纂能力培养

  这些课程旨在培养学生的成熟思想和未来学习能力，增加本地生活经验，给未来的高等教育学习打下基础，同时还可取得相关监管部门认可的证书或是证明。

## 八、教会学校（既有公立又有私立，但通常认为私立居多）

通常教会学校在国内学生和家长眼中都是很神秘的，那到底加拿大教会学校是怎样的呢？简言之，教会学校是由天主教或基督教（新教）教会所设立和维持的学校，最早出现于中世纪的欧洲，后移民来到北美。其教学内容与公立学校基本无差别，只是多了两门教会要求的课程，学生在学校内无需入教。

教会学校是介于公立与私立之间的一种形式，通常也会被看做是私立学校，因为它不属于普通纳税人办的学校。但它与私立学校不同，在加拿大大部分省份，教会学校和公立学校一样，一般都受政府的财政支持。所以，教会学校的学费一般会比私立学校便宜些。

教会学校的另一个好处是对学生的管理更严格，学习风气好，学术方面的追求也比较高，所以，学校的升学率也是比较高的。目前，越来越多的教会学校受到中国家长和学生的青睐：安全放心、学术不错、管理严格、费用适中、升学率高。

一张图说明加拿大学校的公立与私立、寄宿与走读之间的关系

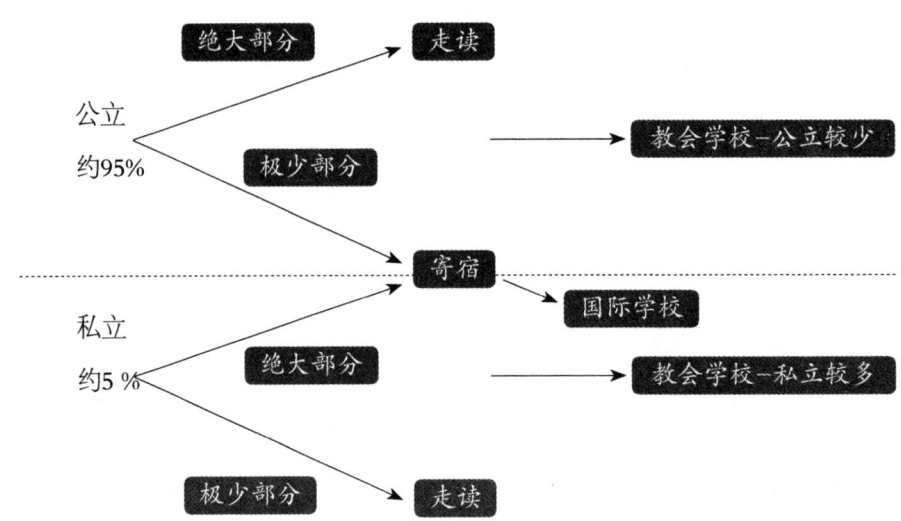

## 九、四类学校的优劣势

加拿大学校主要分为四大类：公立、国际、贵族、教会。留学生如何选择最适合自己的学校，首先要了解这四类学校的优劣势。

| 学校类型 | 优势 | 劣势 | 适合人群 |
| --- | --- | --- | --- |
| 公立校 | 政府资助，费用低；本地生为主，语言环境好；教学水平均衡。 | 课程拉得较长；对学生的入读和毕业有年龄限制。 | 初中或高中在读，有一定自我管理能力、独立性较强的学生。 |
| 私立校 | 历史悠久，精英教育理念；教学水平高，管理较严；课外活动和体育课程丰富。 | 费用昂贵，部分学校不提供ESL课程，对入学要求非常高。 | 初中或高中在读，家庭条件好又优秀的孩子。 |
| 国际校 | 管理严格，开设针对性的课程，名校升学率高。 | 国际学生数量较多，语言环境较为复杂。 | 自制能力较弱，没有独立生活经历的学生。 |
| 教会校 | 教学水平高，同时，费用适中，对国际学生没有信仰的限制。语言环境好，管理严格，大学愿意收教会高中的毕业生。 | 教会课程是必修课，学费也比公立校略高一些。 | 21周岁之前高中毕业，经得住约束，有一定的生活自理能力。 |

以上就是加拿大四类学校的优劣比较，准备留学的家长和同学们可根据自身情况来选择适合自己的学校。我建议家长们一定要杜绝"有钱就任性、就高不就低"的思想，学习是孩子自己的事儿，不要为面子、为别人眼睛里的你而活着。

# 第五章
## 选校及不同类型学校的开销

一、去加拿大读高中,选哪个省?

二、选一类适合自己孩子的学校

三、私立寄宿中学,怎么选?

四、中学开设的特色课程

五、不同类型学校的花费列表

上一章已经说过，加拿大实行12年免费义务教育（1-12年级），包括小学6年、初中2年和高中4年（大部分省份是这样划分的），约95%以上的高中是公立或公助，由地方政府拨款，对本国公民和永久居民免费，甚至连书本费也全免。针对国际学生的收费标准，则由各地方政府根据当地的物价水平统一定价。这一章，也会谈到不同学校的收费问题。

与美国不同的是，加拿大没有高考。高中生升大学，主要凭三项指标：一是高中期间的平均分，二是学校和相关人士的推荐信，三是社会实践和业余活动。对留学生，还要加上一条：英语听、说要过关。对来自英语为非母语国家的学生（如中国），加拿大和美国的大学都要求托福或雅思成绩，但有一个例外：如果学生在北美读了高中，拿到了当地高中毕业证，并且成绩良好，绝大多数加拿大大学都会同意免除提供托福和雅思成绩的要求。

为了公平起见，加拿大的公立高中没有"重点校"和"普通校"之分，政府拨款也基本按各校学生人数一视同仁。当然，这并不意味着所有高中的教学质量全都一样好。加拿大民间有些非正式的排名，比如"菲沙研究所中学排名"和"弗雷泽学院排名"，按各校毕业生水平的高低，把各省的高中排出位次。由于排名要素单一，位次并列的学校众多，不能充分说明问题，而且学生少的高中因不具备统计意义而无法参与排名，所以，这些"排名"也就仅供家长参考罢了。那么，家长们要怎样为孩子选学校呢？本章就这些问题做一些分析。

第五章 选校及不同类型学校的开销

## 一、去加拿大读高中，选哪个省？

前面已经说过，加拿大的各省教育厅决定自己省内的中学学多少年、学什么课、老师怎么培养等的具体问题。那么，了解各省教育内容的异同，就成为选哪个省就读的关键因素。

**1. 在安大略（安省）和不列颠哥伦比亚（BC省）以外的省读高中。**

申请加拿大高中的孩子60-70%都会进入这两个省，不进入这两个省的原因一般是为了移民方便快捷或是其他省有亲戚，所以才另有他谋。由于加拿大各个省的教育部门对高中的课程设置及学制也略有不同，所以，我们就以比较安省和BC省的教育内容作为范例供大家参考。

**2. 去加拿大读高中，在安大略（安省）和不列颠哥伦比亚（BC省）省之间怎么选择？**

大家都知道，加拿大的中学受各省教育厅管理，学校与学校之间没有太大的高低上下之分，在这样的情况下，家长更应该侧重考虑省与省之间的差异，恰当地选择适合孩子就读的校区。而在此过程中，家长们咨询最多的就是选择安省还是BC省，在此，我们将为家长分析这两个省高中教育的区别，帮助广大家长更好地选择。

安省位于加拿大东部,是加拿大人口、经济及教育大省;BC省位于加拿大西部,风景秀美,气候宜人。可以说两个省各有各的优势,但两个省的教育制度也有几方面的差异。

**1)两个省在毕业要求方面有区别**

BC省高中毕业要求:(BC省的高中一般是从10-12年级)

-3年内修满80个学分(48学分的必修课、28学分的选修课和4学分的毕业过渡课程)

-通过BC省的省考(数学、英语、自然、社会)

-每周需参加150分钟的体育活动

-完成30个小时社区服务

在BC省,学生只要完成BC省教育厅所规定的高中课程,即可取得BC省高中毕业证。完成80个学分,同时学生还需要通过5门毕业省考,即10年级英语、10年级自然、10年级数学、11年级社会和12年级英语。省考成绩将与课堂成绩综合成为总成绩。

安省高中毕业要求:(安省的高中一般是从9-12年级)

-4年内修满30个学分(18个必修、12个选修)

-通过安省毕业英文读写能力考试(Literacy Test)

-完成40小时的社区义工

安省的高中一般承认中国的学分,比如学生在国内读完高二后,理论上可以从国内转22个学分到加拿大高中,只需再修8个学分,即八门课程。然而,考虑到孩子的英语听说能力和对新环境的适应都需要一个时间段,建议孩子最晚在中国学制的高一学期后转学,中国学制的高二必须在安省读,这样才能在安省继续读两年高中按时毕业。而我们通常建议,孩子初三毕业即中考一完,就转学去加国学习,这样过渡起来比较顺畅,孩子的压力也比较小。

**2)两者的学制有差别**

BC省的高中一般是10-12年级(3年制),而安省高中通常是9-12年级

（4年制），看得出来安省的高中多读一年，要读4年。而BC省只读3年，同中国高中学制。

BC省最特殊的地方是，学生高中时需要通过5门省考，才能进入大学就读。而安省没有省考，学生只需在10年级的时候通过安省英语读写能力考试，接着修完剩余学分就可以毕业。而且BC省规定，国际学生必须上满两年课程才能升入大学，也就是说学生不能直接申请12年级，得从11年级一开始就得入学就读。同时，如果学生在BC省求学期间超过18岁，就必须到成人高中就读了，而安省在相关方面则更加灵活，没有BC省这么严格。

综上所述，家长们可以看到，如果决定送孩子去加拿大留学的话，不论是选择安省还是BC省，最好是在初三开始时就着手办理手续，初三毕业就马上转入加拿大就读高中，这样对孩子最合适。

如果孩子年龄较大，可以多考虑私立国际学院，除了各省要求的课程设置以外，私立国际学院还提供课外辅导，为12年级学生顺利申请大学提供帮助。

## 二、选一类适合自己孩子的学校

家长都希望为孩子选择一所最好的加拿大高中去读书,比如学费最贵的、名气最大的、大学升学率最高的,同时又非常的困惑:即使申请上了最好的高中,校方要求太严,读不出来怎么办?建议大家:适合自己孩子的学校才是最好的学校。那么家长如何为孩子选择最适合的加拿大高中呢?选校,首先要了解自己的孩子,选孩子感兴趣的学校。下面,我们就一起来分析下:

### 1. 不盲目听信排名

对于大多数中国家长而言,选择学校时考虑最多的是学校的学术水平,也就是大学的升学率。菲莎研究所(Fraser Institute)近年来发表了一系列的报告,试图对各省的中、小学校作一个全面的评估。这些报告只是相对地说明学校过去某一年某一次考试的情况,并不能全面地说明学校的情况。因此,家长们要有保留的参考。另外,很多人眼中的名校,只是基于一些机构的流行讲法,这些学校也许在过去某个历史时期确实不错,但铁打的营盘流水的兵,有可能时过境迁,状况迥异。因此建议家长可以根据学校的最新资料来做评估,选择学校。

### 2.因人而异做选择

在选择公立学校时,首先要对自己的孩子的兴趣和潜在能力有一个大概的判断。对于有音乐、美术、体育、数学等特长的孩子,应该首选设有相应特殊教育课程的学校。大的学区(如多伦多学区)有一些学校专门设有这类课程和配套设施,在这些学校,孩子的特长能得到较好地发挥。对于社会活动能力强、综合素质好,但主要兴趣不在学术上的学生,应选择学生人数多、课外活动丰富、学生社团活跃的学校,让孩子有更多机会锻炼培养社会活动能力。将来向管理、从政和商业等方面发展。对宗教及教会教育思想开放、愿意接受宗教教育的孩子可以选择去教会学校,那里学术气氛浓,同学之间友爱,都是以兄弟和姐妹相称,相互帮助,共同进步,加上学费不贵、纪律又比较严格,是不错的选择。这方面的情况,可通过各省教育局的网站得到详细的信息。

### 3.特殊课程班是一个不错的选校考量点

在学业上优异的孩子,最好能去有特殊教育课程的班级。如果学生因为报名晚等原因不能进入,也应争取在这类学校的普通班学习。中学阶段孩子受周围老师和同学的影响很大,在一个优秀的群体中,有高年级同学的榜样、有周围同学的促进、有老师的帮助,天资好的学生自然而然会有学习的动力,所谓"蓬生麻中,不扶而直"就是这个道理。

### 4.按孩子的强科选校

对于在某些学科上有特殊秉质的学生(也就是通常说的偏科的学生),应该尽可能进入某一学科领域比较突出的学校,如学生在数学方面比较有天赋,就可以为他选择有参加数学竞赛传统的学校。之前有一位女同学小尹,她的数学特别好,经常在省级数学竞赛中获奖,但综合成绩GPA中等,我们就为她找到特别重视数学的高中,让她在那里表现自己的长处。这样的孩子一入学就被校方发现,非常重视,鼓励她去参加这方面的竞赛。她不仅为这所加国高中增了光,也升入了当地的著名大学。

**5.选校,应强调英语环境**

对于刚到加拿大不久的孩子,除了上面一些因素外,还应考虑学校的语言环境。为了快速提高英语听、说能力,最好选择同学之间只讲英语的学校。

## 三、私立寄宿中学，怎么选？

各位家长针对怎样选学校都有自己的看法，这非常好！笔者在这里也分享一下自己对选校问题的观点。一是，不提倡孩子出去读书必须投亲靠友，为孩子选一所寄宿中学，这是融入加拿大本土社会的最佳途径。我本人在加拿大生活了将近六年时间，其实当地的大部分华人对加拿大的教育体制并不会做深入的研究，也不会刻意去仔细地对比公立、私立、教会等学校的区别，能对自己学区内的、身边的2-3所学校了解就已经很不错了，而他们的孩子多半上的都是公立学校。你把孩子送到亲友那里，也多半会上公立学校。这样做就有个缺点：你少了一个选择，一个选择更好的教育——私立寄宿学校的机会。二是，如果经济条件允许，能选私立寄宿就不选公立走读。孩子在前者的环境中生长会更容易接收到当地的普世价值观、更容易融入其中，也更容易成才！虽然每年的费用贵了一些，这也是值得的！但通常加拿大比较好的寄宿私立学校，每个年级仅招收3-4名中国学生。

选择一所适合孩子发展的私立学校是您为孩子做的重大决定，"研学游"是必不可少的调查手段。首先确定好你想要考量的点和优先顺序，然后有计划地参观每所学校。请记住，排名仅作为参考，下面是一些您在做学校比对时需要考虑的因素。

### 1. 学校位置

学校位置意味着孩子未来学习及生活的城市，还包括一些综合考虑，比如购房置业、朋友圈、未来就读的大学、吸引经验移民的政策等等。省、城市先要选定，再考虑学校与城市之间的距离，比如应与城市生活不算太远，想逛街购物可以随时进城，但也不应太近或者就在城中，这样太嘈杂，不利于孩子学习。

### 2. 学校收费

收费的多少非常现实，家长在选择学校时应充分了解这些费用，看看自己的经济实力是否可以"hold得住"！

私立寄宿制的费用在45,000—55,000加币之间(包括学费和寄宿等生活费)，例如St George's School（圣乔治男子中学）费用是44,260加币，Brentwood College School (布兰特伍德学院)费用是46,000加币，St Michaels University School（圣迈克中学）45,000加币，Shawnigan Lake School(桑洛根湖中学)46,000加币，Appleby College、Bishop Strachan School、Branksome Hall、Havergal College等费用都在50,000加币以上。

寄宿制学校与走读制学校相比是昂贵了许多，但它对孩子的未来是一个很好的投资。寄宿制学校提供一个安全、自给自足的社区，培养学生全面和独立的性格。大多数学生开始都会思乡，后面会逐渐地变得坚强起来。

### 3. 学术水平

私立寄宿贵族学校主要培养孩子的领导力，创造性思维和批判的精神，这就要求孩子必须具有独立的学习和生活能力，同时必须积极参与社会实践。

加拿大寄宿学校大部分都是独立学校协会认证会员，由一个独立的非盈利性组织——加拿大教育标准研究所（CESI）监督。家长们一定要选择具有良好声誉。且已通过认证的学校。如果您已经到加拿大了，您也可以和在校的学生及他们的家长聊一聊，以确定他们的课程是否具有挑战性。您还可以比较一下不同学校的课程、作业和业余活动。为确保您的孩子接受适当信息化的教育，所以一定要询问学校电脑教学化的比例。

私立学校提供了广泛的学术选择。有些学校颁发国际和法语中学毕业文凭，这些文凭是被广泛认可的大学预备课程，为许多加拿大和美国大学所接受。许多私立学校提供进阶先修课程，可用于免除大学入门时的某些考试，比如IB、AP、及英国A-Level等，这些课程的考试成绩也是被世界各地认可。

### 4. 师资力量

家长可以关注以下几个指标：老师与学生的比例，比如 1:8，或是 1:10 都是不错的，就意味着一个老师教不多于10个学生，学生受到的关注程度高；老师的学历及教育专业的毕业率，即老师是否是师范学校毕业，体现出师资的专业化程度；教师流动率，就是每年有多少老师进校，多少老师辞职，这意味着教师队伍的稳定程度。

### 5. 男校 / 女校 / 男女混校

有些家长认为单一性别的环境是校方人为设置的，带有过强的中世纪教会色彩，而男女同校的教育会给学生提供更多的机会发展社交活动。有些人认为同校混合教育是男孩和女孩之间打破壁垒的必备教育方式，但也有人认为，儿童在一个单一性别的环境中受干扰程度最小。当然，也有一些研究表明，女孩和男孩学习的需求不同，"一刀切"的教育方法是低效的。实际上，许多单一性别的学校会给学生提供很多和异性交往的机会，比如周末舞会以及其他社交活动等。

笔者的观点是混校更好些，因为如果是性别分开的学校，处于青春期的孩子更容易对另一性别产生好奇，产生去探索的想法，这样会更不利于孩子的发展。

### 6. 在校人数

私立学校学生人数很难超过1,000人，因此，择校前要充分了解你的孩子是否爱交际。规模较小的学校往往会拥有更温馨的家庭氛围，对不太爱社交的孩子就已经够了；而规模较大的学校，学生交朋友容易，适合爱交际的孩子。

## 四、中学开设的特色课程

这里以多伦多IB课程为例,介绍加拿大部分高中开设的特殊课程。

### 1. 什么是IB学校?

IB即International Baccalaureate,是由一个国际非盈利机构IBO(国际文凭组织)管理的初等教育联盟。该机构成立于1968年,现有126个国家的2,261所学校被认可授予IB课程,可分别用英语、法语和西班牙语授课。

IB的特点,是采用规范化的课程,以国际化的视野,培养全面发展人才。IB的规范化体现在各个层面上。申请设立IB课程的学校,要经过IBO对学校的师资、设施、信誉等情况的全面考查后,才能被认证批准;课程设置是全球统一规划;老师要经过认证才能任课;课程考题是统一的,学生考卷往往由其他国家的老师来审评。这种国际规范化的程序,保证了IB的信誉和质量。

IB课程分为三种:IB早期课程、IB中期课程和IB高中课程。一所IB学校可以开设其中一种或数种课程,但学生只有完成IB高中课程后才能授予IB文凭。大多数IB学校都是高中,家长和学生主要关注的也是高中,故本文集中在IB高中的介绍上。

### 2. 大多伦多地区的IB高中

2013年,世界有126个国家拥有IB学校,最多的三个国家是美国(580

所）、英国（122所）、加拿大（118所）。中国现在也有37所。加拿大的IB学校增长很快，举例说安大略省在1997年只有12所，其中有6所公立学校，但迄今总数已经增加到53所，其中大部分是公立学校，另外还有十几所学校正在申请审批之中。大多伦多地区最早一所IB公立学校是Victoria Park CI（1987），其他学校中用法语教学的4所，其余都是英语学校。

公立高中的IB文凭课程只有两年，即11和12年级，但往往从9年级就开设了IB预备班（Pre-IB），经过9和10两个年级的强化训练之后，正式进入11年级的IB文凭课程。IB预备班一般在8年级时的年底报名，在教育局所辖区内不受家庭地址的限制。

公立学校的Pre-IB通常不另外多收费。由于11和12年级正式的IB课程要参加国际统考，试卷要送到国外评分，花费较大，因此有的教育局要求每个IB学生每年多交1,500加币左右，但也有许多教育局统一出这笔钱。

IB学生毕业时将同时获得国际统一的IB文凭和本地区教育局的文凭。IB每门课满分是7分，而加拿大高中一般课程的满分是100分，所以存在分数转化问题。不同课程的转换因子不一样，分数如何转化各省教育厅有相应的标准，以下是IB分数向百分制转化的大致情况：7（96分）、6（90分）、5（86分）、4（76分）、3（70分）。

### 3.IB program 的独到之处

前面提及，IB是采用类似大学文理学院（Liberal Arts）的通才教育理念，用国际统一标准来安排课程和活动。它12年级的高级课程，与大学一年级课程难度相似，这些特点保证了IB文凭的含金量，得到教育界的广泛认可。几位今年毕业的IB学生对IB的优点总结如下：

1) 老师通常都很好，学校给IB提供的设施（如实验设施）也很好；

2) 学习风气好。不管情不情愿，大家都在努力学习，这也锻炼了自己良好的学习习惯和合理安排时间的能力；

3) 课程难度接近大学程度，课程进度与考试安排与大学相似，进大学后

更容易适应；

4) 最重要的一点是IB班上集中了很多精力充沛、野心勃勃的学生。他们除了学习外，在各种社会活动和课外活动中都奋力争先。据说York Region的一所IB高中，IB学生只占了1/5，但学校学生会、话剧队的主演、学生报社，以及几个最大的与社会活动有关的俱乐部基本上都由IB学生把持。这种同学之间的互相促进，对孩子的一生都会有良性影响。

### 4.IB 和 Gifted program 的比较

大多伦多地区各教育局的特殊教育（Special Education)除IB Program外，还包括另外几种学术强化课程，如Gifted program、TOPS program、MACS program等等。这些课程的共同点，都是选拔学习上有特点的学生单独分班，与普通班采用不同的教材，实行不同的进度，其中Gifted program各教育局都有，较有代表性。Gifted program与IB Program有相似点也有不同点：

1) IB Program按国际IBO组织的标准运行，课程设置、教材深度、考试评分等都有国际标准。Gifted program由各个教育局甚至各个学校按各自的标准自行管理；

2) Gifted program一般在小学3年级选拔学生，Pre-IB一般在8年级选拔学生。经9、10两个年级的Pre-IB后，从11年级才正式开始IB Program；

3) Gifted program的学生除了一些学术课单独分班上课之外，其他课程与普通班分享；IB Program的班级基本是封闭形的，与普通班很少有共享的课程；

4) IB Program毕业后，学生将同时获得IB文凭和安省高中文凭，Gifted program学生仅获得安省高中文凭。

### 5.IB 和 AP 的比较

AP (Advanced Placement)是高中生可以参加的大学程度考试。如果考试成绩好，进大学后可以免修相关课程。在这点上AP与IB Program中的高级课程（HL)相似。由于AP和IB的课程深度都涉及到大学程度，两种在北美都很流行。美国一些教育评估机构甚至用学生通过AP和IB的人数，作为高中质量的排名标准。关于AP和IB优劣的争论，一直是美国许多论坛的热点。以下简单对比分析两者的差别：

1）本质上AP和IB是不同的概念。AP是一门一门单独的考试，而IB是一个强化高中文凭的两年的完整学习计划。通常IB课程比复习相应的AP要花更多的时间。美国和加拿大各个大学对AP和IB一视同仁，但一般认为IB难度大一些，含金量高一些。

2）AP可以通过学校学习、on-line学习或自学，进而参加这类考试。IB只能通过学校学习。学生选择考什么AP科目可以根据自己的特长和学校条件自行决定。IB学生课程的选择余地相对很小。

3）IB课程成绩经转换为百分制后列入安省高中的成绩单。在安省，AP一般不列入高中成绩单，也不计入高中平均成绩（GPA），这点与美国高中不一样。

4）IB学生最多只能选四门高级课程(HL)，实际上大多数学校只允许三门，所以大学所承认有学分的IB课程最多为四门。AP则没有这种限制。近年由于名牌大学入学竞争很激烈，许多学生都用多修AP来证明自己的学习能力。一个学生通过十门以上AP的情况很多见。由于IB Program这种限制，美国许多IB学生不得不自学AP以求参加更多的考试，但加拿大大多数公立高中开设的AP课程不多，即使开设，一般也只有很少几门。

### 6.BC省特殊课程开办情况简介

1）BC省共有20多所中学开设IB课程，大温地区有8所，比较有名的是Sir Winston Churchill（Vancouver）、Richmond Secondary School、Pacific Academy（Surrey）、New Westminster Secondary School。没有IB班学校的学生，可以在10年级那一年的年初提出申请，转学到有IB课程的学校读11/12年级，批准条件需要向具体的学校咨询。由于经费紧张，2010年以后丘吉尔高中IB班不对温哥华教育局以外的地区招生了。

2）在BC省约600所中学中有150多所开办AP课程，允许学生提前学习并考试通过相关课程。

总之,这些特殊课程是学校为有特质孩子开办的特殊班,当然,这也是家长考量学校学术水平的一个重要标志。笔者认为,孩子不一定要上这样的班,但应进入有这样班的学校来读书。

# 五、不同类型学校的花费列表

### 1. 公立学校一年所需费用

公立学校的开支一般稍低于私立学校，但费用也不菲。按多伦多教育局的现行标准，学费和健康保险费、校外住宿加吃饭、监护费每年1,000加元，另外加上文具和交通费，每年大约在23,000加元左右。

加拿大留学费用属于海外留学国家中性价比较高的国家，因为加拿大作为世界著名高福利国家，大学均享受政府丰厚的津贴，因此加拿大留学费用比起其他英语国家都低些。

### 2. 私立学校一年所需的费用

众所周知，相比于公立学校，私立学校在教育管理方面更加完备，对学生的管理也更加严格，相应的，其留学费用也高。私立学校课程比较紧凑，大部分学校采用寄宿制，这样有助于锻炼学生的自理能力，这样管理费用也会上去一些。

私立贵族学校，在校园管理、老师聘用、课程安排，特别是特色课程的开销上高于其他私立寄宿中学，所以，这类学校的费用在加拿大是最高的。

三类学校的收费范围如下表，供大家参考。另外，需要说明的是，学费是浮动的，基本每年都要涨，且按地区有所不同，安省与BC省在加拿大学费

是最高的。

|      | 申请费<br>（加币） | 学 费<br>（加币/年） | 住宿费<br>（加币/月） | 医疗保险<br>（加币/年） | 其他开销<br>（加币/月） | 合计大约<br>（人民币/年） |
|------|------------------|---------------------|----------------------|------------------------|------------------------|--------------------------|
| 公立 | 200-300          | 1万-1.5万           | 800-900<br>（校外）  | 800                    | 300                    | 14万-18万                |
| 私立 | 150-450          | 1.2万-1.8万         | 900-1000<br>（校内） | 800                    | 300                    | 18万-23万                |
| 贵族 | 23万-33万 人民币/年 | | | | | |

注：

1.教会学校的费用介于公立与普通私立学校的范围之间，更接近于普通私立的费用；

2.私立国际学院的费用与私立贵族学校的费用接近或是略低些；

3.这些费用是最近几年的统计，只是一个范围值。具体到某个学校的学费，应以其网站上公布的为准。

# 第六章
# 加拿大高中的申请及留学签证申请

一、加拿大各类中学录取条件

二、申请加拿大高中及签证所需材料

三、申请公立教育局（高中）的流程和行动列表

四、申请私立高中的注意事项

五、申请私立贵族学校需要的两个成绩

六、申请学校的几个材料说明

七、签证申请流程

八、签证申请文件列表

九、签证注意事项

十、签证申请的几个文件说明

来加拿大读高中
Follow Me

# 一、加拿大各类中学录取条件

加拿大的中学都是由省教育厅管辖，省教育厅的职责在于课程的设定及师资培养的指导，并且有权力检查及发执照给公私立中小学。公立学校的管理是由市区教育局所掌管，义务教育开始于6岁，高中学业通常在18岁完成。在加拿大读高中的优势是，学生毕业取得加拿大本地高中毕业证后通常不用再考托福或是雅思，就可以申请部分名牌大学，还可以与本地学生以同样的条件竞争加拿大大学本科入学的奖学金。

加拿大各省教育厅监管其省内的所有公立中学、国际中学、教会中学、私立及私立贵族中学。申请不同类型的中学，其录取要求各不相同，下面给大家列出不同类型的中学录取要求，供参考。

### 1) 公立教育局录取要求：

年龄：　　　18岁以下，且在学校附近找好监护人；

中学成绩：　最近三年中学各科平均成绩80-85分以上更有竞争力；

雅思和托福：无要求，但是雅思5.5分以上对申请部分中学有极大帮助；

推荐信：　　部分学校需要，如西温哥华教育局；

面试：　　　一般不需要 。

18岁以下的留学生在加拿大读书需要监护人。监护人必须是加拿大公民，并且家住学校附近。学生家长必须提供公证过的监护人委托书。监护人也必须承担相关法律责任。

加拿大高中对国际学生的受监护要求：

BC省：小于19周岁的国际学生需要在签证申请时提供加拿大监护人的监护声明；

安省：小于18周岁的国际学生需要在申请签证时提供加拿大监护人的监护声明。

### 2) 私立国际学校（College）录取要求：

中学成绩：　　最近三年各科平均成绩75分以上；

雅思和托福：　无要求；

推荐信：　　　不需要；

面试：　　　　不需要。

### 3) 教会学校录取要求：

中学成绩：　　最近三年各科平均成绩80分以上；

雅思和托福：　不需要，但雅思5.5分以上对申请部分中学有极大帮助；

推荐信：　　　部分需要；

面试：　　　　部分需要现场面试或SKYPE面试。

### 4) 贵族学校录取要求：

中学成绩：　　最近三年中平均成绩80分以上；

雅思和托福：　多数要求雅思6.0，同时需要提供SSAT成绩，2,200／2,400 有竞争力；

推荐信：　　　需要；

面试：　　　　需要现场面试或SKYPE面试；

年龄：　　　　可以大于18岁，但应在21岁以下。

## 二、申请加拿大高中及签证所需材料

**1. 学校申请，填报并递交教育局（高中）的材料：**

1）完整的学校申请表；

2）申请费；

3）过去3年的成绩单（翻译成英文、学校盖章）；

4）就读学校证明（翻译成英文，学校盖章）；

5）现任教师的推荐信或问卷回答（英文版）；

6）现场面试或电话面试（如需要）；

7）英语水平考试（如需要，雅思、小托福、及SSAT）

8）各类证明自己优秀的英文版文件，比如三好学生、体育获奖、数学竞赛获奖等等。

以上材料寄给加拿大学校或是教育局。

**2. 签证申请，填报并递交给加拿大使馆的材料：**

1）护照及出生证明复印件；

2）资金担保证明（银行存款、父母工作及收入证明）；

3）申请人过去三年的英文版成绩单；

4）英语水平考试（如需要，雅思、小托福及SSAT）

5）寄宿家庭回复的确认件（需要公证）；

6）无犯罪记录证明；

7）加拿大使馆需要"你为什么要到加拿大读书"的小作文(essay)；

8）签证申请费用收据；

9）体检报告（必须是使馆指定的体检医院）

10）学费收据单（证明已经向学校缴费）

以上材料交加拿大驻中国使馆。

这里说明一下，有两份材料学校及使馆都需要，一份是成绩单，另一份是英语水平考试成绩。

# 三、申请公立教育局（高中）的流程和行动列表

申请公立教育局（或公立高中）。

**1. 以第二年2月份入学为例，详述如下：**

| 时　间 | 行动列表 |
| --- | --- |
| 今年1月份 | 有计划地在几个大银行的户头内存入约80万人民币；<br>一家人特别是孩子做好出国的心理准备，了解国外的学习及生活，多和国外的朋友联系，了解情况；<br>寒假报一个冬令营，在加拿大体验当地的学习生活及人文环境。 |
| 3-5月 | 做出4个决定：<br>1）去哪个城市或地区；<br>2）去哪一类学校，公立、教会学校，还是私立学校；<br>3）一家人先去目标城市进行一次实地考察，游城市、看学校；<br>4）如果去贵族私立，就得准备两个成绩：小托福及SSAT。 |
| 6-7月 | 完成如下事宜：<br>1）根据自己的考察（或是中介机构提供的学校），选定四所或是六所将要申请的目标高中；<br>2）制作申请材料：成绩单、在读证明，将中文材料翻译成英文并公证，有些学校需要写个人陈述小essay、推荐信；<br>3）整理、修改、核实；<br>4）寄出申请材料，越洋快递一般需要10-15天。 |

续表

| 时间 | 行动列表 |
|---|---|
| 8月1日前 | 1）向所申请的教育局寄出申请报名的汇票，一般是银行电汇，大概需要一周的时间；<br>2）加拿大当地教育局收全材料，开始审理，需要1周－1个月时间； |
| 9月 | 1）收到学校出具的"预录取通知书"，如果多于一个，就要选定目标学校；<br>2）选定目标学校后，开始着手在选择学校周边寻找监护人。监护人材料公证，监护人的资料需要从国外邮寄过来，需要两周至一个月。 |
| 10月初 | 1）选定学校后，向目标学校交学费。银行汇款，约一周到加拿大的学校账户；<br>2）学生和家长准备签证材料，包括资金证明、无犯罪记录证明、资金来源解释，以及父母的工作证明等等，有些材料需要英文翻译及公证。（至少2周） |
| 10月中 | 1）学费到学校账户；<br>2）学校收到费用后向中国学生出具签证所需的文件。 |
| 10月末 | 1）收到加拿大寄来的"签证所需材料"；<br>2）核实、整理收到的签证所需材料和自己准备的签证材料；<br>3）递交以上两样申请材料至加拿大大使馆。 |
| 11-12月，两个月的等待时间 | 1）等待签证，签证审理大约需要2个月；<br>2）继续了解目标学校的情况，比如选课、周边住宿情况，联络周边亲戚、同学。 |
| 年内（12月30日前） | 1）拿到加拿大学生签证；<br>2）再次通知并确认寄宿家庭，订机票、安排接机。<br>建议至少在开学前一个月拿到签证，这样在确认寄宿家庭、定机票方面会有优势，也就是在12月底之前。 |
| 第二年1月 | 飞赴加拿大，入住寄宿家庭，办理当地生活手续、熟悉环境、入学。 |

注：一般公立教育局可以接收的国际学生一年也就只有不到10个名额，通常在申请截止日期前就有申请满了的情况，而上述时间表是赶着点儿来完成的，具体应按学校及教育局的要求而定，最好是提前申请才行，所以时间表仅供参考。

2. 以申请第二年秋季（9月份）入学为例，因为上面叙述已经很详细，这里只做简述。

| 时间或时间段 | 行动列表 |
|---|---|
| 当年9月之前 | 前期准备：确定留学目标，合理规划留学申请各个阶段，将留学资金存入银行。 |
| 当年9月起 | 确定申请学校，准备学校申请所需各项材料，进行申报 |
| 当年11月~下一年1月 | 获得学校预录取，缴纳学费，换取正式录取通知书。 |
| 下一年3月~下一年4月 | 准备签证材料，强化英语学习。 |
| 下一年5月 | 体检并递交签证材料。 |
| 下一年6月~下一年7月 | 等待签证审批、强化英语学习。 |
| 下一年8月 | 获得签证，预定机票、联系住宿及其他行前准备，最后飞赴加拿大目标城市。 |

## 四、申请私立高中的注意事项

申请加拿大高中有很多流程,每个流程都得非常留神,一不小心就会功亏一篑。加拿大公立和私立高中的申请方式是不一样的,私立高中申请更加严格,在申请时应该注意:

### 1. 申请表格

一般申请表格有网上填写和纸上填写两种方式。建议家长不要直接在网上填写申请表格,可以把表格打印出来在纸上进行填写,以便谨慎思考申请细节和措辞。

一般申请表格需要填写学生的信息、兄弟姐妹信息、家长或监护人的信息和一些申请问答题。值得注意的是,申请表格看似简单,实则复杂。家长不能不加过滤地把信息堆砌起来,或者草草地提供一些粗略的信息。反之,需要根据学校的特色和申请学生的情况反复斟酌、严谨措辞,这样才能写出一份具有说服力的申请表格。

申请表格有时候需要附加一些身份证件和其他文件,其中包括:学生的国籍证明、出生证明、家长的名片、申请人照片、申请费用等。申请费用一般为100到300加币不等。

### 2. 学习信息

一般学校需要学生提供的学习信息是指在校成绩单和标准化考试成绩。在校成绩单一般指最新的期中或期末成绩单,但也不排除有的学校需要学生提供近三年的成绩单。如果学生参加过标准化考试和学习水平测试,包括托福、雅思、SSAT等,请一并提供这些考试的成绩单。

### 3. 推荐信

一般学校需要申请人提供一至三封推荐信,这些推荐信可以来自目前就读的学校校长、老师或顾问,课外活动导师、朋友等。有些学校要求:推荐信必须由推荐人亲自填写并直接寄往目标学校,而不能经申请人之手转往目标学校。

值得注意的是,推荐信的内容会对学生的申请产生直接的影响,所以家长需要确保推荐信的内容要对学生的其他申请材料产生辅助和推动的作用。

### 4. 个人问卷

某些学校会要求申请者额外递交一份个人申请问卷。问卷的内容包括学生的兴趣、爱好、目标、优势、特长、优势、为什么要申请该校、如何参与该校的活动等。这一问卷类似于申请表格中的申请问答题部分,所以填写该表时,申请者也应当注意不能把信息简单地罗列出来,或者草草地提供一些粗略的信息,而应该反复斟酌、认真填写。

### 5. 面试

许多学校要求学生和家长在学校参加面试。面试是许多华人家长和学生遇到的最大的难题。申请表格、学习信息、推荐信、面试是私立学校申请中的四大要素。相对于留学申请材料和推荐信,华人家长一般对入学面试感到陌生和彷徨,但面试却是私校申请中决定成败的关键。在面对面的交流中,学校可以很直观地判断出学生是否有如书面申请材料中所表现出来的那般优秀,以及这个学生是否能够真正地融入学校的集体当中。

这里强调一下，面试通常是针对学生，但实际上，学校也会看看学生家长，如果家长优秀，通常会给孩子的面试加分。"家长优秀"通常指：会英语沟通、有国外或是外企工作经历、在国外读书或是发表过英文的重要论文等等。

另外，面试过程中，孩子死记硬背问题答案一定是不可取的。答案应理解后再大致记住就好，通常我们会给学生提供一些比较有特色的、符合学生自己条件的答案。非常自然、略带思考的回答是最好的。当然，见面试官的礼仪，也要提前教给孩子，要让孩子表现得自信、大方、有礼貌。

### 6. 时间点

申请私立学校，时间点往往不必卡得太死，因为私立学校通常是分几轮滚动招生的。通常，按学校的时间要求交材料，并且语言成绩及SSAT成绩过线就会有希望，但有可能出现由于申请的人数较多，分数线会被抬高的情况，所以能够尽早申请并缴费成功，才算是最终定下来了。

### 7. 两个成绩

如果申请的是私立贵族学校，则应在向学校递交申请材料时，同时递交学生的两个成绩——SSAT和雅思成绩（或是小托福）。当然，这些考试得提前准备。

## 五、申请私立贵族学校需要的两个成绩

### 1. 语言成绩

母语为非英语的英语语言掌握水平测试，一般是雅思或是托福（或是小托福）成绩，根据具体学校的要求而定，两门中一个成绩即可。

#### 1）雅思考试

雅思考试的中心思路是考察在实践中应用语言的能力，除了语言本身外，还为将来留学或是定居的异国生活打下一个坚实的基础，所有的考试内容都围绕着四个字展开：真实、应用，可以说是未进异国门，先知异国事，起了未雨绸缪的作用。

考试分四个部分。听力，所有的内容都来源于真实的生活场景，都是在国外的衣食住行和求医问药过程中会碰到的问题，例如租房、问路、买票、课外讨论、听讲座等。阅读，着重培养快速搜索有用信息的能力，在众多纷繁的文字中迅速找到重点，这也是在国外读书或生活都需具备的能力。口语和写作，都考察对一个问题发表观点的能力，写作要求条理清晰、逻辑性强，口语要求反应迅速、表达准确。四部分都独立评分，各部分满分都为9分，其中听力和阅读有小分，也就是0.5，写作和口语为整分，没有小数点，最后取四部分的平均分作为总成绩。

### 2）TOEFL Junior（小托福）考试

在介绍TOEFL Junior之前，先了解一下托福 TOEFL (Test of English as a Foreign Language ) 考试。该考试是由美国教育考试服务中心(Educational Testing Service，简称ETS) 举办的，检定非英语为母语者的英语能力考试。如想申请美加地区的大学或研究所，TOEFL成绩将可能是必备条件之一。在中国，教育部考试中心负责托福考试的报名、考点的管理、考试的实施和成绩单的分发。

新托福考试是基于因特网环境的计算机化考试(Internet Based Test，简称IBT)，即考试是在具有因特网接入条件的计算机上进行的。从考试结构上来讲，新托福考试分听、说、读、写四个部分，对学生的听力、阅读、写作、口语四项英语语言能力进行综合独立的测试。从内容上来讲，新托福考试采用的语言内容和场景来自北美大学校园的诸多真实场景，内容涉及教育、人文、商业、工程等等。

TOEFL Junior，中文名称"初中托福"或者也叫"小托福"，是美国教育考试服务中心专为全球11-15岁中小学生开发的权威英语能力测试。该考试不仅可以作为中小学生北美高中留学的英语能力认证，更可以测评现阶段学生的英语水平，为提高英语能力或者将来参加托福考试提供权威指导。网站：http://www.toefljuniorchina.com/

考试内容

TOEFL Junior初中托福考试主要由三大部分组成：听力、语言形式和含义(可以理解为语法和词汇)、阅读。考试时间大概2个小时，满分为900分。

## 2. 学术水平测试，SSAT 考试

申请高中的另外一个考试叫SSAT，全称Secondary School Admission Test，中文名称为美国中学入学考试，适用于美国、加拿大私立中学的入学，是申请者所必须具备的一个考试成绩。它创办于1957年，由位于美国新泽西州普林斯顿市的SSATB( Secondary School Admission Test Board，中学入学检测

局)负责命题，主要测试学生的数学、语文以及阅读理解能力，考察考生的逻辑思维和发展潜力。针对不同年龄的学生，SSAT考试分为高级(upper level)和低级(lower level)，前者针对目前就读8-11年级的学生，后者针对目前就读5-7年级的学生，在全球有750多个考场，每年约有60，000名考生报考，至今没有考生是重复使用同一试卷应考的。

SSAT在美加每年举行七次，美加地区外，每年于11、12、1、3、4月举行五次，考前四周报名截止。

SSAT在国内有考场，目前是在上海。SSAT难度较高，较不适合一般中国中学生报考，连美国本国学生都要经过补习或是考二至三次，才能在SSAT取得好成绩。

SAT和SSAT是中国孩子在追求良好教育的过程中必须迈过的两道门槛。前者SAT音译为"赛达"，俗称"美国高考"，是进入美国大学的重要门槛。后者SSAT，是"Secondary School Admission Test"的缩写，即中学入学考试。

SSAT主要测试学生的数学、英文程度及理解力。考试分为数学、词汇、阅读三大部分，另有作文（不记分）。两种考卷，高年龄段（8-11年级的考生）满分为2,400分；低年龄段（5-7年级的考生）满分为2,130分。

## 六、申请学校的几个材料说明

### 1. 成绩单的几点说明

1）盖章：中国学生申请加拿大高中，需要出具过去3年的成绩单，成绩单上需要加盖公章，学校公章或教务处章，一章即可；

2）用纸：用有学校抬头的公函纸；

3）落款：在读学校，章与款一致即可；

4）日期：与提交申请日期相符；

5）翻译：译成英文，部分学校需要对英文成绩单再进行公证。

### 2. 在读证明

证明这个孩子正在中国某个学校读书，申请者是一个在校生，而不是一个一直未能入学、突然想起来要去加拿大上学的孩子。

#### 1）在读证明1－中文版

在读证明

兹证明 艾美丽 ，女，出生于 1994 年 12 月 03 日，于 2010 年 9 月进入我校学习，现为我校 高中一 年级 十三 班学生。该生在校期间学习成绩优异，尊敬师长，团结同学，积极参加各项集体活动，是一名品学兼优的好学生。

学校名称：汶川市第五中学

领导签字学校盖章

日期：2011年 05 月 06 日

### 2）在读证明2－英文版

Certificate

This is to certify that＿＿＿, male/female, was born on＿＿＿. He/She started to study in our school in＿＿＿, and he/she is now in Class＿＿＿ .　　Grade＿＿ , During his/her study in our school, he/she observes the laws and regulations, gets along well with his/her classmates, loves the class, obtains good achievements in both moral and intellectual education, and he/she is an excellent student with all-around development.

During July and/or August, 2011, the summer vacation, he/she is planing to take part in the students exchange program in Windsor, Canada.

School Name：

Signature and Seal：

Date:

## 3. 推荐信

通常是由三位老师来写，建议是班主任、英语老师和数学老师，而不是由校领导或是当地名人来写，因为他们没有天天与学生在一起，对学生的了解不够直接、细致和全面。

加拿大的录取委员会很期待从推荐信中看到申请人有血有肉的性格、与众不同的个性、可塑造的潜力和成长空间，信中一定要多在细节上下功夫，而不仅是对申请人定性的、概况的描写。推荐信的作者要十分了解申请人，知道申请人具备哪些方面的能力和潜力，也能够恰当地举例来说明推荐理由。

例如一封来自名人的推荐信写道："该生思想积极要求进步，学习刻苦努力，尊敬老师，团结同学。"另一封来自申请人的班主任的推荐信写道：

"小希同学有着很强的求知欲，特别喜欢问问题。他的练习册贴满了各种颜色的贴纸：黄色表示作业不会做的题，绿色表示上课讲过的但还有问题的，红色表示这一类型都有问题……"读完第一封推荐信，脑中很难留下对申请人的印象；读完第二封推荐信后，一个勤学好问、低着头认真在练习册上贴各种颜色贴纸的申请人形象便跃然眼前。

**推荐信中文模板**

第一份：Dear Sir or Madam——数学老师1

西安高新一中是西安成绩最优异的学校。作为刘毛毛的数学老师徐珊，我很乐意将他初中三年的学校生活在这里做个概要介绍，以便贵校评估。

在与之相处的这三年时间里，我认为他是个认真、聪明、活泼、善于思考、非常有上进心的孩子，就整体而言，他是很突出的。每次留给他的作业，他都能积极仔细地完成好，碰见不会的题目也能向老师和同学寻求帮助。所以，这三年中他的数学成绩一直在不断地进步。

除数学课以外，我了解到他也是一个热爱篮球的男孩子。这需要他有坚强的毅力和敏捷的反应。在一次与其他学校的对抗赛中，他为了本校的荣誉奋力拼争，最终为我校取得了可喜的成绩。

他为人开朗、幽默、大方。我经常看到他在下课时跟同学天南地别地聊天。每当老师有任务布置下来的时候，他总是第一个抢着去完成，是老师不可缺的助手。只是他有时候会因为太专注于打球而忘记跟家里知会一声，生活方面的能力有待加强。

刘毛毛无论是在学习中的表现，还是与同学们和谐相处的能力，我相信都能给贵校留下深刻的印象。如果您需要进一步了解这个学生，请与我取得联系。

第二份：推荐信英文模板 - 数学老师2

Recommendation Letter　　　　　　　　June 20,2014

Math Teacher : Jing Liu

Student Name: YOyo Ma　　　　　　　Date of Birth:

To Whom It May Concern:

　　YOyo Ma is my great student since last September.In learning math ,he has particular talent and does a great work.

　　What has impressed me most is his exceptional earnest and initiative in our class. During his spare time, he is keen to talk with his classmates in learning Math. He is good at finding and addressing the question, and he always can find more than one methods to one question.

　　After communication with him, I obtain he is eager to go abroad to take the chance to study in your school.　And it is my honor to recommend YOyo Ma to your school for further study. I guess he is able to continue to develop this talent with ambition. So, I recommend YOyo Ma to you.

　　Please feel free to contact me if you have any question.

　　Jing Liu

　　My email address:　　liujing-88@hotmail.com

　　Tel:　　　　　　　　　　　　　　8629 80221101

**4.加拿大寄宿家庭申请表** ——  在请求学校或是当地人协助找寄宿家庭时，需要向对方出具此表。这些是加拿大方面关心的问题，其中的口气是对方问，我们答。

　　"CANADA HOMESTAY APPLICATION"

1.Family Information  申请人父母信息

Name 姓名    Relationship 关系    Occupation 职业    Age 年龄

_____    _____    _____    _____

_____    _____    _____    _____

E-mail 家庭邮箱：

1）Please describe your family. 请描述一下你的家庭

2）Please describe the family you would like to live with. 请描述你希望找的寄宿家庭

2.Personal Details  个人信息

1）Describe your personality. 简单描述你的性格

2）What hobbies and/or interests would you like to pursue outside of school? 你的业余兴趣或爱好

3）Have you ever travel outside of your home country? 是否出过国？

□是 □否  如果是，请说明

4）Do you smoke? 是否吸烟？          □是 □否

5）Do you want a non-smoking host family, if possible?
如不吸烟，你是否希望居住在无烟家庭中？ □是 □否 □皆可

6）Do you prefer a home with no children?
你是否更喜欢无小孩的家庭？          □是 □否 □皆可

7）Do you have a pet? 你是否饲养宠物？          □是 □否

8）Do you prefer a home with pets?
你是否更喜欢饲养宠物的家庭？          □是 □否 □皆可

9）Do you usually help with household chores?
你是否帮助做家务？是的话，通常会做哪些？          □是 □否

10）Do your parents require you to be at home at a specific time in the evening?  你的父母是否要求你在晚上特定时间之前回家？

如果是的话，请写明  平时：          周末：

11）Do you plan to spend time with your host family?

你是否愿意与住家成员共度时光？　　　　　　　　　　□是　□否

12）What activities would you like to do with your host family?　你愿意和住家成员一起参加什么活动？

13）Do you have allergies? Are you on medication, or require a special diet?

你是否有过敏史，是否定期服用药物，是否需要特殊饮食？　□是　□否
如有特别需求，请说明

3. Food Preferences 饮食喜好

1）Are you able to cook? 你是否会做饭？　　　　　　　□是　□否

2）Are you a vegetarian? 你是否是素食主义者？　　　　□是　□否

3）Please indicate your likes and dislikes, 请指明你爱吃和不爱吃的食物：

4. Your English Level 你的英语水平

□听 □说　可以听懂和运用简单的英语词汇及表达方法与人交流

□听 □说　可以让其他人明白你的需求

□听 □说　可以进行简答的对话

□听 □说　可以就各种话题展开讨论

## 七、签证申请流程

加拿大留学签证如何才能顺利过关？申签是一个复杂而漫长的过程，如果你提前知道它的流程就会简单很多，如果不能顺利拿到签证，那么你之前所做的努力都是白费。加拿大留学签证申请流程：

第一步：取得学校通知书

第二步：撰写学习计划

第三步：开具财力证明

第四步：做好资金来源解释

第五步：填写签证申请表格

第六步：到加拿大使馆指定单位体检（通常是接到使馆通知后才去体检）

第七步：将所有材料递交到加拿大签证处

第八步：取得签证

如果要申请加拿大9月份开学的签证，那么6月前就应该向大使馆递交签证，依此往前推，你5月前就应该拿到学校通知书，再往前推，学校申请就要提前6-8个月了，这样可以错开扎堆申请的高峰期，获得学校录取的可能性会增大。

# 八、签证申请文件列表

去加拿大留学无论是哪种类型的高中,学生都要申请签证。关于签证文件,有哪些是需要学生重点关注的呢?下面是加拿大高中留学签证所需文件。

### 签证官首先要查看资格

**1.录取通知书**。申请人必须被加拿大一所学校录取,出具学校发给申请人的录取信原件和一份完整的影印件。

**2.缴学费证明**。证明申请人已经交纳学费。

**3.经过公证的监护人确认函**。如果学生未满18岁就开始在加拿大读书,必须有一个法定的已成年的监护人。这个监护人必须是加拿大的公民或者永久性居民,而且必须给学生一份经过公证的愿意承担监护义务的文件。

### 签证官其次要看提交的文件

1.填写完毕的申请表;

2.在申请人计划前往加拿大的日期之后至少还有18个月有效期的护照;

3.去加拿大留学的申请人最后三年的学校英文成绩单的公证件(如果申请私立贵族学校,有时会被要求提供雅思和SSAT成绩);

4.在申请人名下的最少一万元加币的银行支票或汇票,如果申请人是进全日制的寄宿学校，可以用已预交寄宿费的证明来代替；

5.一份关于申请人在加拿大就读理由的简要说明；

6.体检报告；

7.签证申请费已缴收据。

将上述文件递交给加拿大领事馆接待处人员，或将申请资料邮寄到加拿大领事馆；手续费必须在申请的同时交纳，邮寄时护照可以用影印件代替原件。

## 九、签证注意事项

**1.学习目的要明确。**申请人必须了解留学目的国的教育制度、所选学校的基本情况和所学课程,提供比较全面完整的学习计划,这才不会让签证官怀疑学习动机和学习能力。

**2.确保足够的经济能力。**为显示申请人有足够资金来源以维持其海外的学习和生活费用,申请人一定要出具与其父母或担保人收入相符的资金证明。经济担保可以是个人担保、父母担保或亲属担保等。亲属担保以直系为佳,为免有移民倾向之嫌,一般避免美、加亲属作保。担保金主要是现金存款形式,还可辅以国库券、股票等投资证明。担保金要保证12个月的银行存款记录。如有转存或换折,要到银行追溯历史,提供相应证明并加盖银行章。

**3.避免移民倾向嫌疑。**对申请人是否有移民倾向的审查是签证官审查的一个重要方面,所以申请人要详细陈述其留学的目的以及留学必要性,并提供充分证据表明学成后会按时归国的意向。

**4.确保诚信。**这里要强调一点:不出错,即前后材料不矛盾、不冲突、不出现低级错误,这也是诚信的要求范围。对加拿大使馆来说,规范和诚信是极其重要的一个方面。材料的真实性在签证申请审批过程中具有决定性意义。所以申请人递交的材料一定不能包含错误、虚假或误导信息。材料递到使馆后,使馆审核会对其真实性进行调查(包括电话或亲访)。一旦加拿大大使馆查出材料作假，申请者将被取消2年内重新申请的资格，同时也会给同一地区的其他申请人带来不良影响。

# 十、签证申请的几个文件说明

## 1. 签证资金证明

首先来看一下加拿大官方列出的资金证明要求：

反映至少12个月资金累积历史的证明。详细要求如下：

◇ 日期为最近两个月内的显示现有可用资金的存款证明原件；

◇ 存单原件及/或存折原件；

◇ 资金来源的书面说明；

◇ 其它形式资产的相关文件，如股票账户、商业交易文件及房地产交易文件；虽然不能替代上述所需文件，但可以附于申请内。若无法提供文件证明，申请人也可以提供一份书面说明。

申请人父母的收入及雇佣证明。要求如下：

◇ 申请人父/母各自的现任雇主出具的雇佣证明信原件，包含父/母各自雇主的全称、地址和电话；父/母在该处就业年限、职务、最近两年的收入、有无任何奖金和额外收入。如果申请人由父母以外的人士资助，请按照以上要求提供相应信息；

◇ 地方税务机关出具的最近12个月中父/母各自个人收入所得税的缴税单原件，包含缴税人姓名及其名下所缴纳的金额。

如果父/母一方或双方拥有或部分拥有某公司，请递交：

◇ 营业登记证的公证件

◇ 近期的缴税单据

◇ 公司上一个财务年度的财务审计报表和验资报告

在所有的资金材料中，最中心的就是现金存款，而其他材料无非就是围绕这个存款来说明这笔钱是"合理"的收入，不可能是通过非法手段获得，也不是借来充数的。存款的金额，一般需要保证能支付学生在加期间所有的学费和生活费用。

### 2. 体检注意事项

关于体检，每位申请人都必须到加拿大使领馆指定的医院去体检，体检结果由医院直接上传到使馆系统，体检回执会交给申请人。如果体检结果有不合格的项目，医院会联系申请人。申请人可以考虑马上到医院进行治疗，并与学校联系进行学期延迟，一般情况学校会给申请人半年到一年的时间进行治疗，但是也存在部分位置非常紧张或者入学要求极其严格的学校不同意给学生延期、要求痊愈后再度申请学校的情况。

如遇到不合格的体检结果，学生可以选择进一步治疗后再次体检，之后再向使馆提交体检结果。如果硬性提交不符合使馆要求的体检结果，有可能导致签证结果一直搁置不出。

**使馆官方给出的健康要求是：**

1）不对公共卫生或安全造成威胁；

2）不会过度增加或加大加拿大政府在健康或福利事业上的投入。

请持本人护照原件及复印件；1张2寸彩色近照；近视者需要佩戴眼镜检查矫正视力；女士请避开生理期；16岁以下申请人由父母陪同。

**体检报告可以在两个时间点递交：**

1）在提交留学签证申请前的6个月内体检，并在交申请时同时递交体检报告；

2）在递交留学申请之后，接到使馆通知，才去体检并提交体检报告。

请注意：体检单位必须是使馆指定的。

### 3. 加拿大使馆要的"学习计划"

签证时需要给加拿大使馆出具一份英文小文章，即"你为什么要到加拿大读高中"的作文(essay)。在文章中，你要表现并无"移民倾向"，要尽量使签证官从你的措词中看出你归国的决心，但不可空泛，要有事实根据。

Essay的中文意思是短文、小散文。英语意思是an analytic or interpretive literary composition or a tentative attempt。这个essay就相当于广大中国中学生最熟悉的、也是在学校常常会写的作文而已，只不过得翻译成英文。内容应大致包括：

1) 概括地介绍在读学校及过往学习经历；

2) 你为什么要来加拿大学习及为什么选这所高中；

3) 希望在这里学到一些什么、对自己今后发展的积极影响；

4) 家里还有什么人、家庭亲情描述；

5) 回国后，这些知识会给自己未来的学习和工作带来哪些好处。

"加拿大留学学习计划书"的行文风格和文章结构与个人陈述有很大不同，不需要太多个性化和感性的描述，要结构清晰、简单，逻辑严密，阐述的事实明确，相关论据有力可信。针对学成回国的打算部分，表述要准确充分，不能和其他材料发生矛盾。

"加拿大学习计划书"的重点部分要放在未来规划，即未来的职业规划和留学后回国理由。申请人员要通过这部分内容告诉大使馆，到该国留学确实能够对未来职业发展有良好帮助。要求有"学习计划书"的国家多是移民国家，而留学生申请签证的原因是留学，因此通过学习计划书一定要消除移民倾向。回国理由要结合个人背景经历和家庭情况给出合理解释，比如强调父母及家庭对自己的重要性、今后的学习和工作一定要跟家人在一起、家族企业对申请人的工作安排计划等等。关于回国理由等涉及事实论据的地方，不能任意编造，所有内容必须保证它的真实性，否侧一旦被发现后果很严重。这是申请人能否顺利获签的关键材料。

# 第七章

## 介绍加拿大高中排名

一、正确认识加拿大中学的排名

二、较好的公立高中及所在省份

三、多伦多公立及教会教育局的前 10 名学校

四、BC 省 2012 年前 30 名的公立学校

五、蒙特利尔英语教育局下属 12 所公立中学

六、2014 年选出的 15 所加拿大私立走读中学

七、21 所加拿大百年历史私立中学

八、高中毕业后的八所目标大学

# 一、正确认识加拿大中学的排名

现今跨出国门留学的学生已日趋低龄化,家长希望让孩子早点出国接受更个性化教育的心情迫切。加拿大已成为中国家长选择低龄化留学的最佳目的地。在择校方面,加拿大中学排名是大多数家长参考的依据之一。如何正确看待各类排名呢?

首先要说明一点,加拿大是一个比美国相对和缓祥和的国度,不太喜欢过于严苛的比较和白炽化的激烈竞争,因此与美国不同,加拿大中学乃至大学都不太提倡排名。加拿大政府没有出资指派任何机构做学校的排名工作,目前的一些排名都是民间机构做的,只能说其"有一定的参考价值"。

家长过度注重排名的三个误区:

**误区一:迷信于某个网站上的排名。**现在网络上搜索到的相关排名信息各式各样、鱼龙混杂,建议大家不要仅参考某个网站或者一两家不知名的社会调查机构的评测结果。一些社会机构采取会员式的运作模式,在某地区注册一家教育咨询机构或是教育联盟,组织一个俱乐部,为所有参与进来的会员学校中排名。通常情况下,特别好的学校不屑于参加这样的俱乐部,也不愿与这些发展中的学校为伍,所以会导致一些优秀的学校不在排名之列,导致这样的排名就非常片面,不具备太多的参考价值。

**误区二:只申请排名好的学校。**每所学校都有各自不同的特色,找到

"适合"学生个人的学校最重要。有的学校制度宽松一些,有的课程紧凑一些,有的可能课外活动更多些,不同的设置和安排体现出加拿大的多元文化,当然也会涉及到教学方式及风格方面的差异,所以我们鼓励学生选择最适合他们的学校,而不是排名最前的学校。

**误区三**:只要进入排名靠前的中学就一定能进入名牌大学。这个观点非常错误!这并非是打击家长们的积极性。笔者经手的案子中有让孩子争取进入排名靠前学校的例子,但后来发现孩子高中毕业后并没有申请到加拿大名牌大学。为什么?我们经过分析得知,学校排名靠前并不意味着学生会得到更多的关注,加拿大中学的老师不会像国内老师那样做全能型的保姆,学生基本上凭自觉,着重培养一种自力方式。经过一段时间的高中学习后,没有心理准备的留学生在学校里学习信心受挫、平均成绩不佳,在班里属于下游,所以大学申请就不理想了。

由此更可看出,学生在合适的中学全面发展,自觉努力地学习才是通往名牌大学的途径。所以,建议不应该过于迷信一两家社会调查机构的评测结果,参考一下固然可以,但不能太较真儿。其实名校跟名校相比也有差异,名校成名的理由也各不相同,仅靠打分太粗线条了。名校的管理未必就适合所有孩子的品性,即便如备受尊崇的美国常春藤盟校,某些方面比起地方小校有时也会甘拜下风。

## 二、较好的公立高中及所在省份

加拿大公立高中入学门槛较低,中学平均成绩达到75分即可申请,并且对语言成绩不做任何限制。近年来,很多中学生选择去加拿大公立高中留学。

信息来源来自http://news.tiandaoedu.com/canada/21731.html。

**加拿大公立高中名单**

| 学　　校 | 省　　份 |
| --- | --- |
| Burnaby School District 41本拿比公立教育局 | 不列颠哥伦比亚省 |
| Campbell River School District 72坎贝尔教育局 | 不列颠哥伦比亚省 |
| Central Okanagan School District 23中央奥肯纳根教育局 | 不列颠哥伦比亚省 |
| Chilliwack School District 33奇利瓦克公立教育局 | 不列颠哥伦比亚省 |
| Comox Valley School District 71歌摩士谷公立教育家 | 不列颠哥伦比亚省 |
| Coquitlam School District 43高贵林公立教育局 | 不列颠哥伦比亚省 |
| Cowichan Valley School District 79哥维根谷公立教育局 | 不列颠哥伦比亚省 |
| Greater Victoria School District 61维多利亚公立教育局 | 不列颠哥伦比亚省 |
| Gulf Islands School District 64海湾岛公立教育局 | 不列颠哥伦比亚省 |
| Kootenay Lake School District 8湖区公立教育局 | 不列颠哥伦比亚省 |
| Langley School District 35兰里公立教育局 | 不列颠哥伦比亚省 |

续表

| 学　校 | 省　份 |
|---|---|
| Maple Ridge-Pitt Meadows School District 42枫树岭公立教育局 | 不列颠哥伦比亚省 |
| Mission School District | 不列颠哥伦比亚省 |
| Nanaimo-Ladysmith School District 68纳奈莫公立教育局 | 不列颠哥伦比亚省 |
| New Westminster School District 40新西敏公立教育局 | 不列颠哥伦比亚省 |
| North Vancouver School District 44北温哥华公立教育局 | 不列颠哥伦比亚省 |
| Richmond School District 38列治文公立教育局 | 不列颠哥伦比亚省 |
| Mountain School District 6落基山脉公立教育局 | 不列颠哥伦比亚省 |
| Rocky Mountain School District 6落基山脉公立教育局 | 不列颠哥伦比亚省 |
| Saanich School District 63萨尼奇公立教育局 | 不列颠哥伦比亚省 |
| Sea to Sky School District 48海天公立教育局 | 不列颠哥伦比亚省 |
| Sooke School District 62苏克公立教育局 | 不列颠哥伦比亚省 |
| Surrey School District 36素里公立教育局 | 不列颠哥伦比亚省 |
| Vancouver School Board 39温哥华公立教育局 | 不列颠哥伦比亚省 |
| Vernon School District 22费南公立教育局 | 不列颠哥伦比亚省 |
| West Vancouver School District 45西温哥华公立教育局 | 不列颠哥伦比亚省 |
| Battle River School Division 战河公立教育局 | 阿尔伯塔省 |
| Calgary Board of Education 卡尔加里公立教育局 | 阿尔伯塔省 |
| Calgary Catholic School District 卡尔加天主教公立教育局 | 阿尔伯塔省 |
| Christ The Redeemer Catholic Schools 救世主耶稣天主教学校 | 阿尔伯塔省 |
| Edmonton Catholic Schools 埃德蒙顿公立中学 | 阿尔伯塔省 |
| Edmonton Public School Board 埃德蒙顿公立教育局 | 阿尔伯塔省 |
| Golden Hills School Division 75金山公立教育局 | 阿尔伯塔省 |
| Grande Yellowhead Regional Division 35大黄头公立教育局 | 阿尔伯塔省 |
| Horizon School Division 67天际公立教育局 | 阿尔伯塔省 |

续表

| 学　校 | 省　份 |
|---|---|
| Medicine Hat School District 76麦迪森海特公立教育局 | 阿尔伯塔省 |
| Red Deer Catholic Regional School Division 39红鹿天主教学区 | 阿尔伯塔省 |
| Red Deer Public School Board 红鹿公立教育局 | 阿尔伯塔省 |
| Greater Saskatoon Catholic Schools 萨摩卡通天主教会中学 | 萨斯喀彻温省 |
| Regina Public Schools 里贾纳公立教育局 | 萨斯喀彻温省 |
| Saskatoon Public Schools 萨斯卡通公立教育局 | 萨斯喀彻温省 |
| Interlake School Division 英特湖公立教育局 | 曼尼托巴省 |
| Lord Selkirk School Division 主塞尔柯克公立教育局 | 曼尼托巴省 |
| Louis Riel School Division 路易斯公立教育局 | 曼尼托巴省 |
| Mountain View School Division 山威尔公立教育局 | 曼尼托巴省 |
| Pembina Trails School Division 帕姆比纳公立教育局 | 曼尼托巴省 |
| River East Transcona School Division 河东-翠斯科纳公立教育局 | 曼尼托巴省 |
| St.James-Assinibola School Division 圣詹姆斯 | 曼尼托巴省 |
| Study Manitoba School Divisions 曼尼托巴公立教育局 | 曼尼托巴省 |
| Western School Division 威斯顿公立教育局 | 曼尼托巴省 |
| District School Board of Niagara 尼亚加拉公立教育局 | 安大略省 |
| Halton District School Board 哈尔顿公立教育局 | 安大略省 |
| Hamilton-Wentworth District School Board 汉密尔顿市公立教育局 | 安大略省 |
| Prince Edward District School Board 爱德华王子公立教育局 | 安大略省 |
| Kawartha Pine Ridge District School Board 卡沃萨松岭公立教育局 | 安大略省 |

续表

| 学　　校 | 省　　份 |
|---|---|
| Lambton Kent District School Board 莱姆顿肯公立教育局 | 安大略省 |
| Niagara Catholic District School Board 尼亚加拉天主教公立教育局 | 安大略省 |
| Ottawa-Carleton District School Board 渥太华-卡尔顿公立教育局 | 安大略省 |
| Peel District School Board Centre for Education 皮区公立教育局 | 安大略省 |
| Simcoe County District School Board 辛高公立教育局 | 安大略省 |
| Toronto Catholic District School Board 多伦多天主教公立教育局 | 安大略省 |
| Toronto District School Board 多伦多公立教育局 | 安大略省 |
| Upper Canada District School Board 圭尔夫公立教育局 | 安大略省 |
| Waterloo Catholic District School Board 滑铁卢天主公立教育局 | 安大略省 |
| York Region District School Board 约克公立教育局 | 安大略省 |
| Eastern Townships School Board 东方公立教育局 | 魁北克省 |
| SEIQ – Study Etudes in Quebec 魁北克公立教育局 | 魁北克省 |
| English Montreal School Board 蒙特利尔公立教育局 | 魁北克省 |
| Atlantic Education International 大西洋国际教育 | 新不伦瑞克省 |
| Place aux Competences | 新不伦瑞克省 |
| Fredricton School District #18 | 新不伦瑞克省 |
| Nova Scotia International Student Program 新斯科舍 | 新斯科舍省 |
| Western School District 西校区 | 纽芬兰省 |

　　值得注意的是，加拿大公立高中虽然在入学的时候不限制语言成绩，但是入学之后会进行英语测试，只有英语成绩过关之后，才能申请加拿大大学。

# 三、多伦多公立及教会教育局的前10名学校

加拿大多伦多地区的高中教育一直声誉良好，另外多伦多地区共有700多所高中，这也为想要申请加拿大多伦多地区高中的学生提供了更多选择，这里简要介绍2012年加拿大多伦多地区公立高中以及天主教高中的排名情况。

信息来源于"美国教育信息网"http://www.gaozhongliuxue.com/jndgz/rd/350.html。

## 1）多伦多地区公立高中：

◇ Richmond Hill H.S.

◇ R.H.King Academy

◇ The Woodlands S.S.

◇ Ursula Franklin Academy

◇ Langstaff S.S.

◇ Georges Vanier S.S.

◇ Unionville H.S.

◇ Woburn C.I.

◇ Heart Lake S.S.

◇ Albert Campbell C.I. 阿尔伯特·坎贝尔高中

## 2）多伦多地区天主教高中：

- ◇ E.S. Cardinal Carter 卡特艺术高中
- ◇ Holy Name of Mary S.S.
- ◇ St.Joseph S.S.
- ◇ Loyola Catholic S.S.
- ◇ Father Leo J.Austin C.S.S.
- ◇ St. Ignatius of Loyola S.S.
- ◇ E.S.E.J. Lajeunesse
- ◇ St.Robert C.H.S.
- ◇ St.Francis Xavier
- ◇ St.Thomas Aquinas S.S.

## 四、BC省2012年前30名的公立学校

加拿大BC省公立中学排名Top30——菲沙学会Fraser Institute 2012年4月发布

（信息来源于http://blog.sina.com.cn/s/blog_bda2b7ab01016xtl.html）

| 大学山中学（University Hill）， | 温哥华（Vancouver） |
| 拜恩中学（Lord Byng）， | 温哥华（Vancouver） |
| 圣天诺中学（Sentinel）， | 西温哥华（West Vancouver） |
| 岩岭中学（Rockridge）， | 西温哥华（West Vancouver） |
| 威尔士王子中学（Prince of Wales）， | 温哥华（Vancouver） |
| 奥肯纳根米逊中学（Okanagan Mission）， | 基隆拿（Kelowna） |
| 兰里艺术中学（Langley Fine Arts）， | 兰里堡（Fort Langley） |
| 伍兹中学（Heritage Woods）， | 穆迪港（Port Moody） |
| 卡拉莫卡中学（Kalamalka）， | 弗农（Vernon） |
| 兰里基础中学（Langley Fundamental）， | 兰里（Langley） |
| 威斯勒中学（Whistler）， | 威斯勒（Whistler） |
| 查尔斯博士中学（Dr·Charles Best）， | 高贵（Coquitlam） |
| 麦克玛斯中学（Robert Alexander McMath）， | 列治文（Richmond） |
| 温莎中学（Windsor）， | 北温哥华（North Vancouver） |

| | |
|---|---|
| 罗斯兰中学（Rossland）, | 罗斯兰（Rossland） |
| 胡桃林中学（Walnut Grove）, | 兰里（Langley） |
| 格雷岬中学（Point Grey）, | 温哥华（Vancouver） |
| 麦基中学（Magee）, | 温哥华（Vancouver） |
| 汉兹沃斯中学（Handsworth）, | 北温哥华（North Vancouver） |
| 西温中学（West Vancouver）, | 西温哥华（West Vancouver） |
| 克莱尔蒙特中学（Claremont）, | 维多利亚（Victoria） |
| 伯内特中学（JN Burnett）, | 列治文（Richmond） |
| 伊斯菲尔德中学（Mark R、Isfeld）, | 科特尼（Courtenay） |
| 斯蒂夫斯顿中学（Steveston-London）, | 列治文（Richmond） |
| 埃尔金中学（Elgin Park）, | 萨里（Surrey） |
| 丝寇弗中学（Seycove）, | 北温哥华（North Vancouver） |
| 阿盖尔中学（Argyle）, | 北温哥华（North Vancouver） |
| 菲沙高地中学（Fraser Heights）, | 萨里（Surrey） |
| 列治文中学（Richmond）, | 列治文（Richmond） |
| 里维斯多克中学（Revelstoke）, | 里维斯多克（Revestoke） |

## 五、蒙特利尔英语教育局下属12所公立中学

加拿大蒙特利尔英语教育局(English Montreal School Board，简称EMSB)是魁北克省最大的英语公立教育局，成立于1998年7月1日。（信息来源于http://canada.bailitop.com/senior/20121030/29317.html）

### 1.Beaconfield High School

Beacons field中学成立于1958年，在校学生超过1,150名，学校的重点是建立一个社区高中。多年来，Beaconsfield努力为学生提供一个先进的教学环境，通过卓越的学术课程和社区活动，帮助学生提升知识、技能，培养自尊自爱、自信、独立等能力，让所有学生的潜能得到最大发挥，而学校的最终目标是使他们成为符合21世纪高标准的青少年。

### 2.Beurling Academy

Beurling学院始建于2003年8月，现有校学生约1,000名，主要面向河滨公园学院和拉萨尔天主教国际学校的初中生。这个年轻的学校让来自凡尔登、拉萨尔及其周边社区的学生在同一个教育环境下共同学习。Beurling学院提供三种特色课程：英语、法语和国际文凭组织课程。

### 3.John Rennie High School

John Rennie中学成立于1955年，是为了纪念正直的立法委员约翰·雷尼而命名。学校设备完善，地理位置优越，毗邻自治区篷特克莱尔。该校有超过1,400名学生获得国际公认的奖学金计划，并在2006年，被评为"最具创意"学校。

### 4.Lakeside Academy

该校教学环境优秀，校内及校际间体育项目较多，重视学生领导能力和校区活动的参与能力，重视开发每个学生不同方面的潜力，如学术上、体育、文艺、社交及领导方面的才能。IB课程使学生进入大学名校更具优势，其它特色课程包括：领导管理、计算机网络、科学博览、戏剧音乐、公共演讲、图书馆管理等。

### 5.LaSalle Community Comprehensive High School

L.C.C.H.S始建于1965年，紧邻著名的拉欣急流的拉塞尔东端，是一所现存最早服务于英语社区的高中。L.C.C.H.S在校学生约为1,000名，来自有着不同民族群体、不同文化、不同社会经济背景的各个地区。学校为学生提供了一个纪律严明的学习环境，学生毕业率约为70%。2010年前后L.C.C.H.S被授予国际文凭组织，而且正式被承认为国际和平学校的成员之一。

### 6.Lindsay Place High School

Lindsay Place中学，是为纪念王室法官H·PLACE而命名的，始建于1962年，位于篷特克莱尔的布罗德维尤大道，是一所传统与现代相结合的中学。学校十分注重传承文化和历史，帮助学生树立良好的价值观，建立学生、家长、老师之间良好的协作纽带，培养出色的社会公民。

### 7.MacDonald High School

MacDonald中学位于加拿大魁北克省蒙特利尔岛的西端，创立于1907年，有着一百多年的卓越学术历史。尽管是教育委员会下最古老的一所学校，但学校一直不断建设更新，在校学生人数接近900名。学校成立了PPO——"家长参与组织"，十分重视家长的参与度。每年学校会组织三年级和五年级的学生到渥太华、魁北克、蒙特利尔或加拿大乡村旅行。

### 8. Pierrefond Comprehensive High School

Pierrefond综合中学，位于皮埃尔丰大街、圣约翰路的东部，在校学生约为1,200名。P.C.H.S特别引以为豪的是其独特的、包容万象的多元文化环境。学校强调各方面的成功，努力追求卓越，为学生提供强大的学术课程，并承诺培养全面发展的学生。

### 9. Riverdale High School

Riverdale是一所综合中学，位于皮埃尔丰大道一隅，自1993年起，里佛戴尔学生被要求穿校服。学校建有三个标准的体育馆和一个专业的剧院。2006年12月，里佛戴尔被授予"社区学习中心"称号，因此扩展了学校服务社区范围，并增强了其与社区组织之间的联系。

### 10. St. Thomas High School

St. Thomas中学建于1990年，位于西岛。St. Thomas一直为学生提供高质量的教育，正如其甘于奉献、追求卓越的信念。近五年来，学校在学术、体育等方面取得了优异的成绩，来自超过45所小学的学生选择了圣托马斯中学，学校得到了广泛的社会认可。

### 11. Westwood High School-Junior Campus

Westwood中学建于1920年，原来的Hudson中学在2003年改为Westwood高中部，现学校的初中和高中分别位于独立的校区，为蒙特利尔西部提供高质量的教育。

### 12. Westwood High School-Senior Campus

Westwood高中位于哈德逊，在校学生约为700名，分为9、10、11年级，学校为学生提供广泛的自由空间，提升学生自主能力，培养勇于承担责任的特质。学校的主要目标是为学生完成中学后的教育选择做准备。为了适应个体学生的学习风格，学校不断进行年级教育革新，并提供丰富的课程与社区活动机会。

## 六、2014年选出的15所加拿大私立走读中学

加拿大私立学校通常都是寄宿学校,很少一部分是走读学校,一般这样的学校多集中在加国发达的两个大城市,即安省的多伦多和BC省的温哥华,学校周边居民密集,不需要寄宿。

信息来源http://canada.tiandaoedu.com/senior/470215.html

| 排名 | 中文学校名称 | 英文学校名称 | 省份 |
| --- | --- | --- | --- |
| 1 | 科林伍德学校 | Collingwood School | BC省 |
| 2 | 格林杨诺克中学 | Glenlyon Norfolk School | BC省 |
| 3 | 新月高中 | Crescent School | 安大略省 |
| 4 | 克柔佛顿中学 | Crofton House School | BC省 |
| 5 | 草岭高中 | Meadowridge School | BC省 |
| 6 | 南岭中学 | Southridge School | BC省 |
| 7 | 圣约翰中学 | St. John's School | BC省 |
| 8 | 西点格雷学院 | West Point Grey Academy | BC省 |
| 9 | 小花学院 | Little Flower Academy | BC省 |
| 10 | 约克庄学院 | York House School | BC省 |
| 11 | 哈德森中学 | Hudson College | 安大略省 |
| 12 | 洛尔加拿大高中 | Lower Canada College | 魁北克省 |
| 13 | 圣克莱蒙中学 | St.Clement's School | 安大略省 |
| 14 | 阿贝中学 | Aspengrove School | BC省 |
| 15 | 赫尔菲尔德独立中学 | Hillfield Strathallan College | 安大略省 |

## 七、21所加拿大百年历史私立中学

加拿大贵族寄宿中学拥有悠久的历史，往往也是信誉的保证。加拿大最古老的私立寄宿中学是位于新斯科舍（Nova Scotia）省的King's Edgehill School，距今已有224年历史。紧随其后的是位于曼尼托巴省的St. John's-Ravenscourt School，192年的历史使其位于榜眼位置，而位于安省的Upper Canada College，以183年历史摘得探花，详情如下：

信息来源 http://www.igo.cn/2010/news/lxxw/lxdt/2014/12/24/139010.shtml

| 学校 | 中文 | 类别 | 地区 | 建校 | 距今 |
| --- | --- | --- | --- | --- | --- |
| King's Edgehill School | 国王艾吉尔中学 | 男女 | 诺省-Windsor | 1788 | 226 |
| St. John's-Ravenscourt School | 圣约翰中学 | 男女 | 曼省-Winnipeg | 1820 | 194 |
| Upper Canada College | 上加拿大学院 | 男校 | 安省-Toronto | 1829 | 185 |
| Bishop's College School | 主教学院 | 男女 | 魁省-Shebrooke | 1836 | 178 |
| Pickering College | 匹克林学院 | 男女 | 安省-Newmark | 1842 | 172 |
| Albert College | 阿尔伯特学院 | 男女 | 安省-Belleville | 1857 | 157 |
| Trinity College School | 三一中学 | 男女 | 安省-Port Hope | 1865 | 149 |

续 表

| 学校 | 中文 | 类别 | 地区 | 建校 | 距今 |
|---|---|---|---|---|---|
| Bishop Strachan School（BSS） | 斯特罗恩女子中学 | 女校 | 安省-Toronto | 1867 | 147 |
| Stanstead College | 斯坦斯蒂学院 | 男女 | 魁省-Stanstead | 1872 | 142 |
| Trafalgar Castle School | 特拉法城堡中学 | 女校 | 安省-Whitby | 1874 | 140 |
| Rothesay Netherwood School | 罗德斯尼特伍德 | 男女 | 新不伦瑞克省-Rothesay | 1877 | 137 |
| Lakefield College School（LCS） | 雷克湖中学 | 男女 | 安省-Lakefield | 1879 | 135 |
| St.Andrew's College | 圣安德鲁学院 | 男校 | 安省-Aurora | 1888 | 126 |
| Ridley College | 利礼贤书院中学 | 男女 | 安省-St.Cathrines | 1889 | 125 |
| Ashbury College | 阿希伯瑞学院 | 男女 | 安省-Ottawa | 1891 | 123 |
| Havergal College | 海福格尔女子中学 | 女校 | 安省-Toronto | 1894 | 120 |
| Balmoral Hall School | 巴尔摩洛女中 | 女校 | 曼省-Winnipeg | 1901 | 113 |
| Branksome Hall | 布朗克霍尔女中 | 女校 | 安省-Toronto | 1903 | 111 |
| St.Michaels University School | 圣迈克中学 | 男女 | BC省-Victoria | 1906 | 108 |
| Saint Margaret's School（SMS） | 圣玛格丽特女中 | 女校 | BC省-Victoria | 1908 | 106 |
| Appleby College | 爱普比学院 | 男女 | 安省-Oakville（多伦多西50km） | 1911 | 103 |

# 八、高中毕业后的八所目标大学

综合来说，加拿大留学有八大名校声誉较好，应是家长们优先考虑孩子高中毕业后进入的大学。如果孩子的高中就在著名的大学附近，高中毕业后通常可以直接升入附近的大学，就不用再考虑搬家的问题了。所以，选高中及将来上大学可以一起考虑。加拿大声誉极好的大学：

（信息来源 http://mx.533.com/12/484831.html）

### 1.滑铁卢大学 University of Waterloo

滑铁卢大学自从1959年成立，仅数十年时间便跻身加拿大名校行列，是加拿大发展最快的学校。滑铁卢在成立之初便把重点放在新兴的电脑行业上，并罕见地成立了数学学院(Faculty of Math)来发展其Computer Science。飞速发展的数学学院及所属的电脑系不仅带动了其他如工学院在高科技领域的投入，而且为滑铁卢在电脑行业赢得了别人无法相比的声誉。

滑铁卢最为人称道的成就是其创立的Co-op program，让电脑系学生在学习的同时有机会在IBM、Nortel、Bell等著名公司获得工作经验，现在已经为美加大学竞相效仿。滑铁卢的出色成就已经使其成为北美电脑工业的第一宠儿。

### 2.英属哥伦比亚大学(许多华人称其为"卑诗大学")University of British Columbia

1908年，McGill University所属的麦基尔大学卑诗学院依据卑诗省议会通过的法律改称卑诗大学，西岸名校卑诗大学正式成立。今天的卑诗大学已经成为规模仅次于University of Toronto和McGill Vniversity的加拿大第三大的大学。大学坐落于美丽的花园城市温哥华西面的半岛上，是北美最漂亮的校园之一。

卑诗大学多年以来一直是西部地区仅有的一所能与安、魁两省众多名校相抗衡的学校。学校提供的专业和课程非常广泛，很多学科如生物等在加拿大甚至在世界上均属一流。所有工程方面的专业全部集中在应用科学学院。卑诗大学优越的地理位置和一流的学术环境不但吸引了加拿大西部省份的众多学子，而且深受亚洲学生欢迎。卑诗大学是加拿大西海岸一颗闪亮的明珠。

### 3.多伦多大学 University of Toronto

在1827年，John Strachan获得了成立King's College的皇家特许。这一学院便是后来多伦多大学的前身。与加拿大其他历史悠久的名校多受教会控制一样，早期的多伦多大学由英格兰教会控制，经过一百多年的发展，在加拿大，多伦多大学已经成为"如果我称第二，无人敢称第一"的大学。大学的专业从航天技术到动物园学无所不包，而且样样堪称一流。荣获诺贝尔奖的教授人数也是加拿大最多的。

### 4.麦吉尔大学 McGill University

1813年James McGill去世时捐出一万英镑和46英亩的土地用来成立皇家高等学院，这便是后来举世闻名的麦吉尔大学。麦吉尔是加拿大唯一一所能与Vniversity of Toronto相提并论的大学。麦吉尔地处讲法语的Montreal中英语区的中心，不但拥有大量的国际学生，而且很多世界上的知名学者也慕名而来。当年大物理学家卢瑟福便是在麦吉尔发现了原子的结构，使麦吉尔在欧美声名大噪。同时麦吉尔的医学院在加拿大首屈一指，麦吉尔的学术研究水平之高可与美国长春藤盟校媲美。

### 5.阿尔伯塔大学 University of Alberta

今天阿尔伯塔大学已成为一个专业齐全的大规模大学,不少科目的科研水平居加拿大大学的前列。工学院的五个系都颇具实力，其中石油勘探和炼制

与University of Calgary一起在加拿大居于领先地位。阿尔伯塔大学还是加拿大仅有的几所拥有体育学院的大学之一。大学图书馆藏书量相当高，人均图书拥有量居全加第一。阿尔伯塔大学由石油工业领头，带动了其他学科的发展，科研水平和教育质量在加拿大的学术界和工业界都有很好的声誉，是一所全面发展的大学。

### 6.麦马斯达大学 McMaster University

麦马斯达大学的历史最早可追溯到1830年。当时的参议员William McMaster捐款成立一所"基督徒学习的学校"，1887年在此基础上正式成立麦马斯达大学。麦马斯达是一所中型大学，以研究著称。学校教师中拥有博士学位的比例是全加拿大最高的。学校还拥有国际一流的实验室和各种先进设施，是北美仅有的少数拥有自己核反应堆的大学之一，为教师和学生提供了一个完善的研究环境。

麦马斯达著名的研究成果不计其数，包括美国第一架航天飞机哥伦比亚号表面的抗热贴片等等。麦马斯达同时还拥有在加拿大唯一能与McGill媲美的医学院，以及一流的商学院。但是麦马斯达一大缺憾是从未成立过法学院，这在加拿大传统名校中是绝无仅有的。由于麦马斯达一百多年来在工业界声名卓著，经常被美国同行和工业界称作加拿大的MIT。

### 7.皇后大学 Queen's University

1841年，Thomas Liddell受苏格兰教会委托携带皇家特许来到Kington创立Queen's College，这就是皇后大学的前身。皇后大学在加拿大是极受尊重的大学，以优异的教学质量和多姿多彩的历史而闻名，其中最值得一提的历史事件当属1938年罗斯福总统在这里接受荣誉学位时发表的那篇著名的保证加拿大不受纳粹侵犯的演说。

皇后大学的教学质量在加拿大无出其右者，一直受到各行各业的广泛好评。学校规模不大，拥有加拿大一流的商学院和医学院，没有工学院但有应用科学学院。理工科中的工程物理专业为加拿大第一，该专业在北美也仅次于Princeton和Cornell而排名第三。另外，皇后大学的人文艺术、教育学、法律等都非常有名。极高的教学质量和学术水平常让皇后大学学生自豪地把他们的母校比作加拿大的普林斯顿。

### 8.瑞尔森大学 Ryerson University

瑞尔森大学位于加拿大安大略省，是一所著名公立大学，校名是以早年加拿大西部的教育部长Egerton Ryerson而得名。校址位于多伦多市中心，是一所典型的城市大学。该校的前身——雷尔森理工学院(Ryerson Institute of Technology)于1948年创立，该校于2002年正式易名为瑞尔森大学。

瑞尔森大学也是加拿大大学中本科毕业生最多的大学，其教学宗旨是"通过实践学习知识"，很多学生选择瑞尔森大学是因为他们不但可以随时进行实践，而且还有广泛的就业前景，近年来在声誉排名方面异军突起，算是成长非常快的高校。

# 第八章

# 加国读书的常见问题

一、首次去加国，随身带什么？

二、几种住宿方式的比较与说明

三、监护人会为学生做些什么

四、如何快速融入寄宿家庭

五、解决吃饭问题—自己动手，丰衣足食

六、常见的交通工具有哪些

七、加拿大留学必知的法律常识

八、了解加国风俗，快速融入环境

九、读高中必看的网站

十、加拿大电话区号

十一、应对突发事件

十二、加拿大著名城市介绍

## 一、首次去加国，随身带什么？

"孩子要离家，父母最牵挂！"家长要为孩子具体准备些什么呢？即将赴加拿大的小学子和家长们请听好了，"老经验"跟你谈一谈应准备的东西。相信一定会对你有所帮助的。

先聊一下，什么东西不可带。

违禁药品、两条以上的烟、两瓶以上的酒、超过规定上限的现金（这一段时间是1万加币）、生鲜水果、蔬菜、肉类。

再来说一说下面的东西怎么带？

**1.钱**。除以上说的现金外，银行汇票可随身带。通常出国之前，学费都已经交了，随身就是些生活费，数目也不会太大，银行汇票即可。如果还需要，可以请家长在国内汇过去，随身不必带太多。

**2.带药品**。在加拿大落地后，3个月内是无医疗保险可以上的，生病的话，需要自己掏钱治，但通常都很贵。所以，要非常小心，不要生病。出国前，尽量带上些药品，包括自己的常用药，比如治疗感冒、发烧、肠胃、过敏、消炎等方面的药。

**3.手机**不要带。谁接你，让他先买好一部当地手机，去之前让对方发给你电话号码，下飞机就可以用了。另外，建议学生在国内办一张具有国际长途功能的电话卡，在加拿大机场，可以直接打电话与来接你的人联系。

如果计划在加拿大待3年以上，可在加国超市单买手机，但很多新款手机都需要预定。

**4. 小电器。** 如吹风机、iPad等可带，但别忘了带变压器，需要110V 转220V。特别注意要带一个转换插头，美加的插头通常是一个圆柱和两个平行的扁头，旅游商店内有卖。

**5. 衣物。** 对于1月份入学的学生而言，去加拿大温哥华等地，可少带棉衣，毛衣足以御寒，但是如果是去渥太华、多伦多等北方城市，羽绒服和纯棉床上用品则必不可少，能多带就多带。不必担心行李过于贵重要多交税，因为第一次过加拿大海关的随身物品和海运行李等都是免税的。

1）记住室内非常暖和，不必带太厚的被褥及床上用品，身体好的基本不用带羽绒被，带的话建议带薄的；

蚕丝被是一年365天用的最多的被子，最实用；

床上三件套可以带两套。

2）服装不必太刻意，出门随意就好！但正装必不可少！很多时候做Presentation都需要穿正装，没有要扣分。加拿大很多店特价的时候一套男士西装是100加元左右。

3）女孩子的东西要自己带好，当然也可以去那边买，但找起来不太方便。

**6. 厨房用品。** 做饭的锅碗瓢盆最好不带，住的地方通常能够借用。如果实在想带，请带平底锅，因为灶具的关系尖底锅不好用，其他可以带上筷子、围裙、护袖、菜刀（推荐带一把大板刀，加拿大的刀用着不顺手。当年，我是单刀闯加国——阳江十八子！）

**7. 书。** 带自己喜欢的几本，尽量带电子版的。文具带上笔袋、水笔、圆珠笔、橡皮、修正带、胶带、计算器等。

**8. 牙齿。** 自己在国内收拾利索，不要到加拿大去看牙医，超贵！

**9. 眼镜。** 最好带好两副，不要在加拿大配眼镜，不划算。其他眼部用品，比如框架眼镜、隐形眼镜、太阳镜、护理液、眼镜盒、眼睛布等也要带上。

**10. 数码产品。** 笔记本电脑，自己带，用得顺手些。加拿大的电脑价格不贵，但是刚来的人可能不适应，还是从国内弄好，记得装上所有能用到的软件，另外移动硬盘、U盘、电子词典、MP3/MP4也要带好。

**11. 相机。** 通常都不带，手机就够了，除非计划去班服国家公园这类地方才用得着。录音笔、接线板（国际通用孔）、装机软件、麦克风耳机、打印机接口线（这个东西加拿大特贵，强烈建议国内买，就是那种一头方一头扁的目前通用的那种接线）等都要带上。

**12. 洗漱护理用品。** 值得带的是毛巾、梳子，洗澡布，其他东西带少量旅行套装即可（注：液体上不了飞机，只能托运）其他日常的洗漱护理用品都可以在加拿大超市买到，价格和国内差不多。加拿大的毛巾很硬，用着不舒服。

**13. 生活用品。** 此项请根据个人情况决定。手表、闹钟、小镜子、针线包、雨伞（加拿大这边雨伞不好看，质量还差）、雨衣、指甲剪套装、环保手提袋、多功能刀（瑞士军刀）、小锁或者密码锁、剃须刀（加拿大的飞利浦剃须刀还有女士用的腋毛刀都很好买，价格也不贵），酌情而定。

**14. 158的行李箱。** 158不是箱包的牌子，是一个尺寸，就是箱子的长、宽、高的长度之和为158CM。到卖包的地方，他们都懂！而最多装载重量不得超过23KG，一旦超过，则需要付额外的费用，新移民则最大不得超过32KG。最新信息可去加航中文网站查询。

根据本人的经验，硬托运箱自重大，但适合装易碎物件，尼龙布托运箱自重轻，装载量大。推荐2个托运箱，1个选硬的，一个选软的，至于软尼龙布托运箱，推荐选那种可以用拉链进行收缩的。

那么重的行李，怎么称呢？笔者的经验是，利用减肥秤，可以站上去先称你自己，再称提着箱子的你，后者重量减去前者重量就是箱子重量，但通常还得留些余量，万一秤不准呢？

## 二、几种住宿方式的比较与说明

去加拿大高中留学,住宿条件是家长们比较关心的问题之一。通常住宿方式分三种:寄宿家庭、学校宿舍、校外租房(18岁以上可以),各有利弊,下面一起来分析比较一下。

### 1. 寄宿家庭

**利**:学生与接待家庭的关系较一般房东与房客的关系更紧密,不仅租金较低,同时在生活上,寄宿家庭大多欢迎和鼓励留学生参加其家庭的活动,在和他们的交往中,是学生提高语言能力、了解加拿大日常生活以及认识新朋友的有效方法。

**弊**:并非所有接待家庭都非常友善,建议学生最好找教会家庭。

**适应人群**:孩子懂事儿、有眼色、会干些家务,并且愿意与其他人聊天攀谈的孩子。

### 2. 学校宿舍

**利**:当地没有亲友的留学生,一般会考虑入住学校宿舍,因为在异国他乡很难一时半刻找到适合的校外房子,而宿舍接近上课的地点,学生往返宿舍和学校会格外便利且省时,同时学校每天都有膳食供应,学生也无须担心自己的饮食问题,此外在学校会有很多外国学生,对学习英语和了解外国文

化大有帮助。

**弊：**

1）宿舍的租金较校外租房略高；

2）宿舍主要供给西式食品，有些中国学生吃不惯；

3）入住宿舍的学生经常组织聚会，打扰休息；

4）有些学校不分男女宿舍楼，学生自己须要多注意。

**适合人群：**愿意与同龄人相处，家境比较宽裕，喜欢结交大批同学的孩子。

### 3. 校外租房

**利：**几个人合租一个单元房，共同负担租金和水电费，这样可以节省一部分生活开支。此外，大家的语言及文化背景相同，易于沟通，同时生活较学校和家庭住宿自由。

**弊：**一起合租的学生一般都是来自同一个国家，这样往往导致缺乏使用英语交谈的机会。

**适应人群：**仅愿意与本族裔同学们相处的孩子。

## 三、监护人会为学生做些什么

很多中国孩子上初中时就选择去加拿大高中留学，因此很多家长都担心孩子的安全问题，毕竟孩子年龄还小，独立能力比较差。这就需要托付一个人或是一个家庭来帮助孩子、监督孩子。可以找一个custodian，即委托监护人。所谓委托监护人，就是孩子在加拿大就读期间，父母授权其履行父母的监护职责的人，比如报到、注册、选课可由监护人协助完成，但不一定要求和监护人一起居住，但是如果孩子出了什么问题(诸如刑事犯罪)，监护人要承担很严重的责任。

**1. 家长经常会问，我们孩子的加拿大监护人都协助孩子做什么？首先声明，监护人不是保姆，只负责孩子的三项大事儿，小事儿一概不管！**

1）陪同孩子参加学校所有重要大型活动，例如：新生报到，学校庆典等;定期与委托家庭沟通;

2）每学期不低于4次去学校与学校负责人或者老师沟通，了解学生在校情况;

3）及时发现不良苗头，警示孩子不触犯法律。一旦出事，监护人应承担相应法律责任。

### 2. 监护人类型

1）监护人可以由家长委派，比较常见的是有亲戚或朋友在加拿大，那么他们可以做孩子的法定监护人。家长委派的监护人必须年满25周岁，是学校所属城市的当地公民（跟孩子一起去读书的中国父母，如果没有当地的生活经历及公民身份是不能成为监护人的）。

2）如果没有亲戚朋友在加拿大，该找谁给学生当监护人呢？由所申请的教育局来统一安排。此种情况需要家长提供父母双方以及孩子的信息，监护人在加拿大需要填写一张监护人的表格，并在当地找到律师公证，公证完毕之后，就可以出监护信了。教育局统一安排监护人会有两种情况，一是教育局安排某个学校的校长来做该学校所有学生的监护，二是教育局统一找加拿大当地的中介公司来安排。

### 3. 监护人服务也因职责的不同分为两种不同的情况

第一种是临时监护：只负责协助提供监护信来办理签证而不行使法律监护责任，不负责到校报到签字；

第二种是永久监护或有效期1年的。

两种收费不同，监护人所负责的范畴也不同。所以有的教育局在开始时，为了方便家长在国内尽快办理签证，会先提供一份监护信，等孩子到校报到后，具体负责监护的会是另外一个人。

选监护人或是监护家庭有点学问：通常要选也有孩子的家庭，且年龄相仿（或较小），性别一致。解释一下：一般说来，承担监护人的家庭都不是单亲家庭，而且都有孩子，我们通常选父母比较开朗且能容忍不同族裔的家庭，一般说教会家庭比较好一些。

## 四、如何快速融入寄宿家庭

与一般租房不同的是，寄宿学生与寄宿家庭同吃同住，朝夕相处，共同生活，这对于刚到国外的留学生迅速提高英语会话能力，以及了解当地风俗文化很有帮助。然而，不同的文化背景和生活习惯也有可能导致寄宿学生与寄宿家庭之间产生矛盾。一句话，如果你认为寄宿家庭的父母应该与你家里的父母一样，那你肯定会出大麻烦！他们既不是父母，也不是保姆！他们算是与你有一定商业关系、但要为你付出爱心的一群人吧。

留学生最好做到入乡随俗，尊重并且依从寄宿家庭的生活习惯、作息时间和饮食习惯，明确理解这一点非常重要。若要避免产生矛盾，和睦共处像一家人，就要求双方相互尊重、相互迁就、相互体谅。寄宿学生要知道寄宿家庭是自己临时的家，自己是寄宿家庭中的一员，但毕竟不是自己真正的家，不要指望Homestay father和mother会像亲生父母那样娇惯自己，溺爱自己，自己的一些不良习惯要加以克服、改正。搬入寄宿家庭后，可以主动询问Homestay mother或father有关家庭的一些日常生活习惯，以便日后加以注意。

归纳起来，寄宿双方在以下八个方面容易出现矛盾：

**1.个人卫生**：西方人比较讲究干净整洁。穿衣戴帽要干净、定时换洗，不能有味道才换洗。头发胡须都要定时修剪，不要有太多的头皮屑在身上；脚上的袜子一定要勤换勤洗，不得有味儿。"邋遢大王"一定找不着住的地方！

**2. 洗浴方面**：西方人一般很注重个人卫生，洗澡很勤，有点像国内的广东人，总是"冲凉"。寄宿学生最好搬入后就问清楚自己洗澡的合适时间，以免时间发生冲突或没有热水。洗澡时尽量缩短时间，以10分钟左右为宜。洗完后要将浴室清洁一下，用布擦拭干净地面及浴缸表面，最后开窗换气。澡可以每天都洗，也可以隔天洗，根据个人喜好。如果锻炼回来，也可以加洗，但每次时间不要长。

**3. 作息时间**：西方人大多喜欢早睡早起，寄宿学生晚上9点以后最好不要再使用电话与人聊天，也不要洗澡、洗漱搞出很大响动，更不要夜半归来，以免影响房东休息。

**4. 朋友来访**：一般情况下，事前一定要征得Homestay father和mother的同意方可邀请朋友来访，切不可自作主张让朋友前来，以免打扰寄宿家庭的日常生活，绝对不要留朋友在自己房间过夜。通常来访的频率也不可太高，通常最多一周一次。如果需要与来客在外面用餐，也得提前跟房主通报，以免人家做了你的饭，你却不在家吃，搞得人家老吃剩饭就不好了。

**5. 适当帮忙**：主动参与是融入家庭的最好方法。寄宿学生最好不要心存"我付钱你劳动"的想法，应适当参与一些家务劳动，如饭前摆放餐具、饭后收拾餐桌、洗碗，帮助清洁房屋等等。一定要注意，不要总是呆在自己房间里，总等房东来叫吃饭，要跟大家一起忙活、聊天做饭。其实，中国家庭不也是一样吗？大家一起聊天择韭菜、包饺子、吃团圆饭。人情味是不分国界的，到哪儿都一样。总是把自己当外人，人家又怎么把你当成一家人呢？我知道一个中国学生，为人非常好，他毕业后离开寄宿家庭和这个城市，还经常回来看以前的寄宿家庭的父母。后来，这个中国孩子大学毕业后就进入了这个Homestay father经营的企业里面做事，工作问题都解决了，当然下一步的移民身份就指日可待啦。所以，孩子与人相处的能力非常重要，这似乎比学习成绩更重要！而这一点往往被中国家庭所忽视！

**6. 练习会话**：能够经常有机会与西方人练习英语是很多寄宿学生选择寄

宿的初衷。但最好是找机会、找话题与房东聊天，而不能不分场合、不看脸色、死缠烂打地让房东与你练习英语。他们是没有义务必须跟你聊英语、为你提高口语能力的！你得会来事儿，能看到房东需要什么，你能帮助他们什么，用这个来与他们做交换。他们讲究"交换"，孩子们必须懂得！

**7. 收拾房间**：西方人家庭一般每周六或周日会进行一次家居清洁，全家动手收拾房间、地毯除尘、衣物洗涤等。此时，寄宿学生也要对自己的房间做一次全面清洁，整理好自己的物品。即便在平日，也不要出现被褥不叠、房间里乱七八糟的现象，要保持房间干净整洁。

**8. 主动承担**：如果是男孩子，要经常跟Homestay father学会修剪草坪、修理家具和房屋、雪后及时清理门前小路。因为，他们对男孩子都是这么要求的，他们这样要求你也不算过分。这也是锻炼自己的一个机会，要积极参与！国内的孩子老觉得自己的作业量大，做不完，根本没时间参加这些活动，这是孩子被家长娇生惯养后的惯性思维，而孩子也认为不做家务是应该的！结果，孩子离家后就与当地人处不来。今后这种总是以自我为中心、不融入团队的想法及做法还要吃大亏！即使凭着高学历找到工作，也不一定能过试用期并最后留下来。因为孩子的劳动意识没有培养出来，哪个公司老板都不会喜欢！能不用你，就不用你！

这里再强调一下，虽然Homestay father和mother不是自己亲生父母，但在寄宿期间，是他们在照料自己的日常起居饮食，他们付出了一定的爱心和关怀，寄宿学生理应尊重"父母"。

当然，Homestay毕竟带有一定的商业味道，如果寄宿家庭的所作所为的确差强人意，自己有不满意之处也大可不必一味忍让，但最好要礼貌提出，心平气和地协商解决。记住：多交流，多沟通，不仅能让你语言上有长足的进步，同时会让你更好融入寄宿家庭。

## 五、解决吃饭问题
## ——自己动手，丰衣足食！

很多家长担心孩子到那边后的生活，最普遍的就是日常吃饭问题。怕他们不适应，各种营养跟不上。下面我们来聊一聊"中国人在加拿大吃饭的那点儿事"吧。

加拿大人的饮食以肉类、蔬菜为主，面食、米饭为辅。他们特别喜欢吃沙丁鱼和牛肉。蔬菜偏好生吃，主要有西红柿、芹菜、菜花、洋葱、土豆、黄瓜等。加拿大人口味清淡，偏甜酸，不喜欢太咸。一日三餐中早餐也不简单，主要吃烤面包、鸡蛋、咸肉、牛奶、果汁、素片粥、玉米片粥等。午餐带饭或用快餐，也比较简单，一般有三明治、饮料、水果，以省时间吃饱为目的。晚餐为正餐，比较丰盛，主食为鸡、牛肉、鱼、猪排，辅以土豆、胡萝卜、豆角、面包、牛奶、饮料等，喜欢用清汤(加豆、小萝卜等)。上午十时和下午三时用点心，吃苹果馅饼、香桃馅饼等。加拿大的快餐业发展很快，种类很多，如热狗、意大利馅饼、汉堡包、希腊肉棍、美国炸鸡、墨西哥玉米面卷肉、中国份饭等。加拿大人也喜欢吃我国的江苏菜、上海菜、山东菜，还有广东菜。

在加拿大，吃的东西一般相对便宜。除含巧克力的食品及那些加工成成品的食品（如罐头）外，其他食品都不加税。高能量的食品，如鸡、鸭、鱼、肉及蔬菜等都不贵。每个月吃的方面每人大约需要花费100加元左右，一般的三口之家也只需要200加元左右。但是，所有中国食品，如水饺、汤圆等都很贵。因为这些都是手工包制而成，成本较高。其实你可以买点面粉，回到住处后自己动手包饺子或汤圆，这样既经济又实惠，同时还会增添生活乐趣。其它商品都要加消费税，在不同的地区消费税的税率也不同，比如说，温哥华是14%；多伦多和其他东部城市是15%；而卡尔加里只有7%。

## 如果是外出用餐，有些约定俗成的习惯需要遵守：

1.**禁止在餐馆吸烟**。要自觉，管住自己，不要因疏忽放纵而被罚；

2.**小费，你得付**！在餐馆用餐后，一般要7%的货品及服务税，但账单不加服务费。如果顾客觉得服务很好，通常会给15%的服务费；

3.**AA制，也得适应**！如果是几个人一同外出吃饭，通常AA制。如果你不敢肯定，可以在结账之后问一声，以免产生不必要的误会；

4.**预约定位**。如果想去极隆重或极受欢迎的餐厅用膳，最好事前致电订位，否则很有可能没有座位；

5.**点菜通常都不会浪费**。一般大家都不会多点，通常是分餐制。如果遇到各点各的餐、各付各的费也不要大惊小怪！除非在高级餐厅，一般人都会叫服务生把剩余食品打包，以免浪费。

以上说的是几个通常情况，但怎么能吃好、还便宜呢？要达到这个目的，办法只有一个——自己动手做！但要遵循一个原则，不要在厨房里搞出太大的味道，无论是寄宿、分租，房东都不喜欢味道特别重的做菜方法。经常有家长这样问我：我孩子只会学习，从不会做饭呀！这个怎么办？我的回答很简单："饿着吧"！既然计划出国，孩子在家就得学会自己做饭，这是必须的！出国的孩子能干，就包括自己照顾自己这一点，也是逼出来的。下面，跟大家分享几个在加国做饭的菜谱。

1.加国牛肉汉堡。超市里面有现成的牛肉饼和中间切开的面包，牛肉饼

煎一会儿、面包微波炉热一下,加几片西红柿和小酸黄瓜片,自制汉堡上桌啦!

2.自制色拉。用鸡蛋、土豆、西红柿,和色拉酱拌匀。土豆蒸熟后,把熟鸡蛋切开,与色拉酱和西红柿拌在一起就好。加国的色拉酱特别提味、好吃。

3.烤鸡腿和鸡翅。前一晚买来鸡肉,用盐、糖、烧烤酱腌制一夜,次日,把这些肉放入烤箱,约20-30分钟,香喷喷的烤鸡肉就出炉了!

4.自制面条。加国的面粉好,特别筋道,自己做的面条比起方便面既便宜、又好吃,再抓一把青菜下锅,不比国内的味道差!

5.西红柿炒鸡蛋,这个总得在出国前学会吧!

6.胡萝卜、西红柿,烩肉块。把肉块先用一点油翻炒一下,捞出后,洗锅,再把这三样混着一起炖20多分钟就好了。

7.自制披萨。超市内有做好的比萨,不过是生的,买回来烤10分钟就可以吃了,自己再做一个青菜汤。

8.包子和饺子。小孩子们做起来可能会比较难一些,但用心学,几次也就学会了。

9.米饭。在当地买一个电饭锅,非常重要,可以解决南方人吃不到米饭的大问题!当地的唐人街可以买到电饭煲,加拿大的大米也非常好吃,焖出来的米饭也很香。

10.烤肠。从超市里面买好各种生肉肠,回来自己用烤箱烤,既便宜,又好吃。加国的肉你尽管放心,一般没有质量问题,放心吃吧!但要注意减肥,通常刚刚过去的人们总是吃肉多,人都会发胖。要注意少吃肉,多配以蔬菜。

以上十个小菜谱都是居家过日子的常用菜,一开始不会做,过几个月就慢慢会了,日子也就滋润起来了。

## 六、常见的交通工具有哪些

很多即将赴加拿大留学的同学都非常关心当地的交通工具有哪些？加拿大的大多数城市，如温哥华、多伦多和蒙特利尔等均有完善的公共交通系统，如公共汽车、电车和地铁。在小城市，公共汽车和出租车更为普遍。地铁的运行范围较大，能将市中心和郊外连接起来，沿线各站均停。旅客可在车站买票或购买地铁代币。公共汽车的月票可在便利店、公共汽车站等地点买到。这一切能够让学生在加拿大留学生活中随时随地感受到交通的便利。

### 1. 出租车

出租车在加拿大大城市的市中心随处可见，招手即停。但在偏僻住宅区，如果没有预约，半年也不来一辆出租车。出租车站通常设在购物中心外面、大型写字楼、宾馆、机场、火车站和公共汽车站附近。出租车公司名单列于黄页电话簿Taxi cabs栏内，你可以按黄页打电话给出租汽车公司叫车，或者提前预约，让出租车按照约定的时间、地点等候。现在，加拿大也有类似于中国的滴滴打车的叫车软件，可以安装到手机上，以备不时之需。除了车内计价器上显示的车费外，一般还要另给小费(约为车费的10%~15%)。

### 2. 自行车

根据天气的好坏和路程的远近，骑自行车也可以成为出行的好方法。自

行车在加拿大虽然不如在中国普遍，但也是很常见的，不过加拿大人主要把它当锻炼身体的工具，一般的户外活动和上下班是不可能用自行车当交通工具的。

**3.乘公交车**

对于初到加拿大留学的同学而言，一切都是新的开始。衣、食、住、行都需要依靠自己解决。为了让大家更快地适应加拿大的生活，我们为大家整理了加拿大乘公交的方法，以便帮助大家。

1）**加拿大的公交车票比较贵**。可购买天票Daypass，以及周、月票。加拿大每个城市售票制度不尽相同，温哥华按距离长短计价，多伦多则无论远近一律单一票制。大学生的学费中往往包含一项Upass的费用，这就是公交车车票费用，该费用一般包括秋季和冬季学期，夏季学期则不能使用。学生中心会在学生证上粘贴Upass标志，学生在上车时把它出示给司机就不用支付车票了。

2）**加拿大的公交车上没有售票员**。乘客上车之后，将车票放进收票机口，如需要转乘，司机会给您一张TRANSFER，也就是一张换乘车票，上面标着这张票的有效期限，在有效期间内，只要凭着这张票就可以换乘其他公交车而无需再买票。但是换乘车票只能乘坐同方向的车，返程则需要重新买票。刚去加拿大的同学可能会因为没有搞清楚公交换乘制度而花了许多冤枉钱。

3）**加拿大公交车是根据乘客的需要停车的**。在加拿大，如果你需要在下站下车，需要提前拉绳或者按红色的STOP按钮，事先告诉司机你要下车。等车停稳后你需要推一下门把，车门才会开，在下车前最好说一声"谢谢"以示礼貌。刚去加拿大的同学很可能由于不知道需要提前告知司机停车而无奈地逛了全城。

4）**加拿大公交站没有站名，汽车报站是直接报路口名的**。建议同学们出门前一定要将发车时间和线路查好。有些站台的牌子是非常小的，最简陋的牌子上甚至不标明车次和目的地，但是仔细观察你会发现站牌上有一串数字，这时你只需要把看到的这串数字发短信至3333，短信会回复这个站台所有停靠的车次以及预计到达时间，并且这项服务是免费的。

  5）**加拿大的公交车设计很人性化**。这里公交车的车头前有可以放自行车的架子，骑自行车的同学可以在乘车期间把自行车放在架子上，下车后再将自行车取下，所有乘客都会很有耐心地等待，没有人会抱怨你浪费了他们的时间。

  加拿大的公交车司机都很友善，会和上车的每一个乘客相互问候。同学们刚到加拿大的时候，可能会被公交车司机的热情给吓到，时间久了就会很习惯地相互问候。乘客在等车的过程中相互聊天也是非常常见的情景。

## 七、加拿大留学必知的法律常识

俗话说"国有国法、家有家规",去加拿大留学,必然要遵守当地的法律,也要学会如何用法律手段保护自己,这里为大家介绍一下加拿大留学必知的法律常识。

**1. 警察 ——有问题,找警察!**

1)**联邦警察**——加拿大皇家骑警RCMP。他们的职责是执行全国各省的法律(除安大略省和魁北克省外),并为育空地区、西北地区及一百九十一个城市提供警察服务。

2)**省警察**——安大略省和魁北克省有自己的警察部队。皇家纽芬兰警察则与皇家加拿大骑警分担纽芬兰省的警察任务。

3)**市警察**——大多数市区中心都有市警察,也有的聘用省警察服务。遇有紧急情况,可拨911报警。非紧急用的骑警、省警和市警的电话号码,刊于电话簿蓝页。

**2. 法律诉讼 ——加拿大有免费的律师服务。**

虽然打官司既花钱又麻烦,但如果你被迫要打官司,就应该立即找律师。你的律师必须只代表你的利益,为你提供客观的意见,并且对你提供给他的一切资料严守秘密。第一次见面时要讨论费用问题。当然,在社区都设有免费的律师服务所，就看你会不会找了。律师的服务免费部分和付费部分都会在合同上标得清清楚楚，不会蒙骗当事人。

### 3. 法律援助

1）如果你能证明你负担不起律师费，可以向政府资助的服务机构申请法律援助，名称是"法律援助及学生法律服务"Legal Aid and Student Legal Services——为低收入居民提供免费法律服务（通常由法律专业的学生提供）。

2）电话法律服务Dial-A-Law——免费的电话资讯服务。

3）律师介绍服务Lawyer Referral Services——电话介绍服务，协助人们寻找适合需要的律师。

### 4. 法律体系

——加拿大是三权分立的国家，立法、行政和司法不相关联、彼此独立。

在加拿大，联邦、省和市政府立法，由法庭去阐释及执行已通过的法律。但法庭与政府是分开的，审理不同范畴的案件由不同的法庭负责。加拿大的法庭体系有三级：裁判法庭、上诉法庭和最高法院。最高法院是终审法庭。如果需要翻译，可以向法庭提出。

另外，考试千万不要作弊！

在加拿大，诚信是全社会的一个基本信条，不能随意违犯，否则会付出高昂的代价。有一个学生，考试前用写纸条的形式复习，因疏忽在考试的时候带入了考场。他并没偷看，但考官发现后坚持要开除这个学生。后来，学生的老师在听证会上以自己的职业担保这名学生的成绩和平时成绩相符，该生才被减为留校察看两年的处分。

另一个实例也反映了加拿大学校在处理作弊上是非常严格的。有个同学抄了一下作业，整门课都直接fail掉，就是"未通过"，得重交学费再读。还有人因为档案上有了考试作弊的污点，只能换个学校重新读过。这样的事对整个族裔都有不良影响，就是在华人中间都抬不起头，因为你给他们丢脸了，让大家都蒙受耻辱！

加拿大学校对考试作弊一般是Zero Tolerance零容忍，抄袭考试一般是被开除，而且会留下Permenant Record（永久记录，一般不会被别的学校录取）。

## 八、了解加国风俗,快速融入环境

中国有句古话叫做"入乡随俗",但是前提是得对别人的风俗习惯有个大致的了解,这样才不致于在留学的过程中因为无法适应别国的生活而感到孤单,这也是为什么说应及早培养这方面的能力,那么在加拿大具体风俗有哪些呢,我们一起来看一看吧。

**1. 学会诚挚地对家里人说"谢谢"**。对外人、朋友、同事、老乡、同学等说"谢谢",相信大家都做得到。但是对亲人,我们往往保持着"大恩不言谢"的固有观念。父母生你养你为你做那么多事情都是应该的,谢啥?孩子对你尊重爱戴也是应该的,谢啥?兄弟姐妹帮你忙是应该的,血浓于水嘛,谢啥?都已经是老夫老妻了,为你做什么不是份内的,谢啥?这些年来我也是慢慢才学会了对身边的人说"谢谢",也习惯了接受身边的人对我说"谢谢"。我们原来这个传统思维,到加国要改!不要认为亲人的爱护照顾都是理所当然不需要任何感谢的。感恩的心,要发自内心,要真诚,而且还要表现出来、大声地说出来!

**2. 学会对提供服务的人说"谢谢"**。这其中包括餐厅里的侍应生、商店里的收银员、修车的、打扫卫生的、看孩子的、送货的、酒店服务的、客服听电话的人员等等。不错,他们为你服务是拿了工资在做份内的事情,但你是顾客不是上帝。大家都是人,互相保持一种平等和尊重,是文明的表现。

**3.尊重别人的隐私。**年龄、婚姻状况、个人关系、收入、私有物品的价格,都是属于隐私。若非对方主动和盘托出,你要避免直接询问。如果真要问,可以在前面加一句"If you don't mind, could you tell me…"

**4.学会靠右走。**这是一个右行线的国家,各种流动通道里人们大都是依照靠右前行的习惯。除非有特别原因,人行道上你应该靠右走,自行车道、机动车道、扶手电梯、走廊、展馆,都是一个道理——靠右行。

**5.进进出出学会为后面的人撑住门,对为你撑门的人说"谢谢"。**让女士、小孩、老人和残疾人士先走,是有风度的表现。

**6.除非是注明不需回复的,收到活动邀请应该回应是否参加,不要让主人措手不及。**许多活动都是按照人数多少进行座位设定、食物安排的,去还是不去,去几个人,要主动回复。说好了的事情万一有改变,也要尽早通知对方。

**7.不要对陌生人熟视无睹——要点头、微笑、说Hello。**我们在社交时,经常会碰到陌生人出现或者在场。如果旁人不作介绍引荐,我们也应该用点头、微笑,以及正视的动作,表示知会了对方的存在。自顾自说话把不认识的人当不存在,是许多人的通病。

**8.若非公共场所,拍照最好先征求主人或者拍摄对象同意。**在拍摄别人家里的摆设、物品、孩子,甚至宠物时要特别注意。商店和办公地点也是私人领地,人家有权不让你拍照。

**9.联系他人时注意作息时间,尊重别人的时间。**下班和周末不打电话给别人,不打扰别人的安宁。

**10.打电话无人接听,若非急事,请留口信。**在加拿大,大多数的办公和私人电话都有留言功能,是不能接听的情况下保持联系的一种方式。对方的留言里会告诉你他是否在度假、开会、出差等等。很多同胞既不听对方语音提示,也不喜欢留言,反复狂打座机和手机,所有能用上的手段都全面出击,直到有人接听为止,这是非常没有礼貌的。

**11.不大声喧哗。**说话,让对面的人听到就好了,不必让太多的人听见。

不论是在教室、走廊、饭馆,都不要大声说话。声音也是污染!我们不要制造污染。当然,像广场舞这样的大声音乐也是不被欢迎的。一旦有人投诉,警察来了会劝诫、警告、带回局里询问,再严重甚至坐牢!在加国,没有把问题和对他人的伤害交给道德法庭的,只有真法庭!

上面为大家总结了一部分加拿大高中留学过程中需要了解的加国文化,当然,想要更好地融入国外生活必须要有系统的了解才行。

# 九、读高中必看的网站

来加拿大留学,同学们从生活、学习上都要开始学着独立。以下的一些网站,能够对大家在加拿大的学习和生活有所帮助。(信息来源于http://www.reallylife.com/?newsshow/tp/231/cid/15/id/4415.html)

英文网站网页:

### 1.RefWork

在国外留学,你一定能体会到这里对于知识产权的重视程度。在写论文时,引用别人的言论或是看法,必须要用citation(引用)。而对于中国学生,学会不同风格的citation是件头疼的事。RefWork上,能够通过你填入的文章信息,自动生成citation,省去了很多烦恼。

### 2.CollegeRuled

一个专门帮助学生做课表的网站。你可以在网站上根据自己的课程安排制作课表,再也不会忘了每天的课程安排啦!

### 3.RateMyStudyAbroad

或许你有一天想去其他国家看看,你可以在这个网站上找到超过3,000个海外交换生项目,网站会协助你完成项目筛选、申请以及缴费的全部流程。

**4.VolunteerCanada**

加拿大的雇主们非常注重雇员是否有做长期义工的经历。在大学期间，合理安排课业，在课余时间找一份volunteer的工作，能够让你获得帮助别人的快乐。

**5.Saveonbook**

加拿大全新的书本非常贵，所以很多人都会买二手书。在这个网站上，你可以找到自己想要的书或者是卖掉自己手上用过的书。

## 十、加拿大电话区号

加拿大分十省和三区，国家代码 1（北美代码，与美国相同），拨打多伦多的一个电话号码，比如"1-416-589-2345"，"国家代码-区号-局号-局内后4位"。

◇ 阿尔伯塔省（Alberta）

◇ 不列颠哥伦比亚省（British Columbia）

◇ 曼尼托巴省（Manitoba）

◇ 纽芬兰与拉布拉多省（Newfoundland and Labrador）

◇ 新不伦瑞克省（New Brunswick）

◇ 西北地区（Northwest Territories）

◇ 诺华士高沙省（Nova Scotia）

◇ 努那福特地区（Nunavut）

◇ 安大略省（Ontario）

◇ 爱德华王子岛省（Prince Edward Island）

◇ 魁北克省（Quebec）

◇ 撒是卡切温省（Saskatchewan）

◇ 育空地区（Yukon）

| Area Code | 缩写 | 州名 | 时区 |
|---|---|---|---|
| 204 | MB | Manitoba | 中部 |
| 250 | BC | British Columbia | 太平洋（西部） |
| 289 | ON | Ontario | 东部 |
| 306 | SK | Saskatchewan | 山地时间 |
| 403 | AB | Alberta | 山地时间 |
| 416 | ON | Ontario | 东部 |
| 418 | QC | Quebec | 东部 |
| 438 | QC | Quebec | 东部 |
| 450 | QC | Quebec | 东部 |
| 506 | NB | New Brunswick | 大西洋时区 |
| 514 | QC | Quebec | 东部 |
| 519 | ON | Ontario | 东部 |
| 604 | BC | British Columbia | 太平洋（西部） |
| 613 | ON | Ontario | 东部 |
| 647 | ON | Ontario | 东部 |
| 705 | ON | Ontario | 东部 |
| 778 | BC | British Columbia | 太平洋（西部） |
| 780 | AB | Alberta | 山地时间 |
| 807 | ON | Ontario | 东部 |
| 819 | QC | Quebec | 东部 |
| 902 | PE | Prince Edward Island | 大西洋时区 |
| 905 | ON | Ontario | 东部 |

# 十一、应对突发事件

紧急突发事件联系方式：911 是加拿大紧急呼叫电话
中国驻各使馆领事馆电话

## 驻卡尔加里总领事馆

1011 6th Ave. S.W., Suite 100, Calgary, AB T2P 0W1

电话：(403) 2643322　　证件组：(403) 5371247

传真：(403) 2646656

领区：阿尔伯塔省、萨斯喀彻温省和西北地区

## 驻多伦多总领事馆

240 St. George Street, Toronto Ontario M5R 2P4

电话：(416) 9647260　　传真：(416) 3246468

领区：安大略省和曼尼托巴省

## 驻温哥华总领事馆

3380 Granville Street, Vancouver, BC V6H 3K3

电话：(604) 7365188　　传真：(604) 7370154

领区：不列颠哥伦比亚省和育空区

有用的网站

| | |
|---|---|
| 中国驻加拿大大使馆 | http://www.chinaembassycanada.org/chn/ |
| 加拿大移民局 | http://www.cic.gc.ca/ |
| 加拿大税务局网站 | http://www.cra-arc.gc.ca/ |

# 十二、加拿大著名城市介绍

加拿大与其他的国家不太一样,高中大多集中在为数不多的几个大型文化教育城市,往往在这些城市里面的小学、初中、高中,乃至于大学教育都比较发达,因此家长为孩子选高中学校除了要参考"高中排名"外,还得照顾到城市的文化氛围及将来大学的申请。所以,选城市以及在著名的大学周边选高中也是非常重要的。(文字信息来源于http://wenku.baidu.com/view/55431f83d4d8d15abe234e40.html,经过改写。)

加拿大教育大省及主要城市介绍

## 1. 不列颠哥伦比亚省 British Columbia(BC省)

不列颠哥伦比亚省(British Columbia,简称BC省、卑诗省),该省位处加国西岸,省内山脉连绵、河流纵横、森林茂密。2010年冬季奥运会就在著名的滑雪胜地——惠斯勒(Whisler)举办。BC省的主要城市有:省府维多利亚(Victoria)、温哥华(Vancouver)和基隆拿市(Kelowna)。

### 温哥华(Vancouver)——西部天堂

坐落于卑诗省西南部,是英属哥伦比亚省第一大城市,人口约190万。怡人的气候条件和得天独厚的自然美景,使温哥华成为最适合享受生活和教育培养下一代的乐园。

温哥华还是加拿大仅次于多伦多、蒙特利尔的第三大城市，加拿大西部最大的工商、金融、科技和文化中心。温哥华公立图书馆藏书丰富，并设有20个分馆，是该国最大的图书馆之一。不列颠哥伦比亚大学(University of British Columbia，简称UBC)和西蒙菲莎大学(Simon Fraser University)是该市两所著名的高等学府。此外，伊莉莎白女王剧院和卑诗省大学人类博物馆也是知名的文化场所。

### 维多利亚（Victoria）——英属哥伦比亚省省会

维多利亚市位于加拿大西南的温哥华岛的南端，是温哥华岛上最大的城市。维多利亚市气候温和，属海洋性气候，人口32万。维多利亚有一座综合性大学，学生1.5万余，还有海洋研究中心、省博物馆、艺术中心和一所著名的天文物理观察站。

## 2. 阿尔伯塔省（Alberta）

阿尔伯塔省(Alberta，简称阿省)面积为66.12万平方公里，占全国面积的6.8%，省内90%的地区为平原，加拿大最壮观的自然景观——落基山贯穿全境。省内拥有世界著名的班夫、嘉士伯、渥特藤国家公园，卡那纳斯基度假区，自然风光美丽壮观。阿省的著名城市有省府埃德蒙顿和卡尔加里。

### 埃德蒙顿（Edmonton）——阿尔伯塔省省府

埃德蒙顿是阿尔伯塔省的首府，在20世纪40年代，石油的发现给埃德蒙顿带来了滚滚的财源，使其从一个农产品集散地一跃成为全加的富庶地区。文化方面，埃尔伯塔大学全国知名，埃尔伯塔博物馆，埃德蒙顿太空科学中心等也是重要的文化景点。

### 卡尔加里（Calgary）

卡尔加里位于阿尔伯塔省南部，落基山脚下，是一座新兴的石油工业城市。目前，卡尔加里的公司总部数目为加拿大第二（第一为多伦多）。石油

工业和其他产业的蓬勃发展为这个城市带来了许多就业机会，景气的经济带来了人才济济的局面，现在卡城的工程师、科学家占城市总人口的比例是全国最高的。

卡城教育发达，幼儿教育系统十分完备，许多大公司直接提供幼儿白天护理服务。卡城使用双语教学，但其人口的绝大多数说英语。卡城的卡尔加里大学(University of Calgary)是加拿大有名的大学。

### 3. 萨斯喀彻温省（Saskatchewan）

萨斯喀彻温省（Saskatchewan，简称萨省）是加拿大草原三省之一，该省公园众多，被称为"万湖之省"。里贾纳(Regina)是该省的省府。

**里贾纳（Regina）——萨斯卡切温省省会**

里贾纳市是加拿大萨斯喀彻温省省会，是全省政治、经济、文化中心，位于萨省的中南部，人口约30万，是加拿大两大重要工业城市之一，主要有炼油、机械制造、农机设备、金属加工、化工和食品工业。市区风景秀丽，历史古迹众多，是一座工农业、化工、家具制造和商业并举的综合性城市。

### 4. 曼尼托巴省（Manitoba）

曼尼托巴省（Manitoba，简称曼省），是加拿大中南部的一个重要省份，全省人口约114万，省会人口约70万，官方语言主要为英语。曼省省府为温尼伯市（Winnipeg）。

曼尼托巴是加拿大的中部草原三省之一，面积约65万平方公里，以"加拿大的阳光之都"而闻名。省内湖泊众多，大大小小共有38,500多个。

曼尼托巴教育服务主要由加拿大联邦政府、省政府、教会组织和企业资助。大学有加拿大最大的大学之一的曼尼托巴大学，和温尼博格大学以及布兰敦大学。曼尼托巴省的支柱产业为制造业，其次是农业、建筑、水电和采矿业。

### 温尼伯市（Winnipeg city）——曼尼托巴省省府

温尼伯（Winnipeg city）是加拿大第七大城市，人口约60万，多为英、德、俄、法、波、意等国移民，近年有不少中国移民也在此定居。温尼伯离美国国境仅96公里，是加拿大中部地区的重镇。

## 5. 安大略省（Ontario）——加拿大第一大教育及工业基地

安大略（Ontario，简称安省），是加拿大第二大省，面积达110万平方公里，是法国的两倍，人口超过一千万。其东邻魁北克省，西界曼托巴省，首府为全国第一大城市多伦多（Toronto），安省的城市云集，城市化水平为全国之最，有加拿大首都渥太华、汽车城温莎以及钢铁城哈密尔顿。

### 多伦多（Toronto）——安大略省省府

多伦多（Toronto）是全加拿大第一大城市，它是安大略省的省会，位于安大略湖以东。多伦多这个名子原本的意思是指"聚集之地"（place of meeting），是许多新移民首选的定居城市。近年来多伦多市人口逐年增加，在全市468万的总人口中，中国人占了36万，意大利人占了40万，希腊人占了12万多。在街道上也不时可以看到中文、意大利文、葡萄牙文，还有中国城（Chinatown）、小意大利（Little Italy）、小葡萄牙（Little Portugal）等移民聚居区。

多伦多是加拿大的金融中心，有着发达的工商业和银行业，可谓是加拿大的银行总部之都。股票交易非常兴旺，有着全国最大的股票交易市场。多伦多的标志性建筑之一是市政厅，也称多伦多大会堂，其半圆形的立式结构别具一格。另一个标志性建筑是多伦多电视塔（CN Tower），登顶远眺，都市风景一览无余，令人心旷神怡。

文化艺术繁荣也是多伦多的一大特点，其皇家博物馆世界闻名；安大略艺廊（Art Gallery of Ontario，简称AGO）号称北美最好的艺廊之一。多伦多堪称加拿大剧院之都，其交响乐团、歌剧团以及国家芭蕾舞团的表演水平不仅在国内是一流的，在世界上也称得上顶极水平。高等学府有多伦多大学和约克大学，是北美的知名高校。

## 渥太华 (Ottawa)——加拿大首府

渥太华是加拿大的首都，位于渥太华河南岸，与魁北克省隔河相望，跟对岸的荷尔（Hull，属于魁北克省）市连成一大片城市区域，称为渥太华，城市人口达到107万。

渥太华是加拿大的政治中心，国会山庄的国会大厦带有古老的欧洲风格，是加拿大及渥太华市的象征。渥太华的两所高等学府——渥太华大学（Ottawa University）和卡尔顿大学（Carleton University）就位于里多河岸边，风光秀丽，学术成就卓著。此外，渥太华还有各式各样的博物馆，如加拿大国立美术馆、国立航空博物馆、加拿大文化博物馆（Civilization Museum）和自然博物馆等，构成了渥太华的又一人文景观。

另外，渥太华市还有很多的美术馆，其中著名的有：加拿大国家美术馆（National Gallery of Canada）、渥太华美术馆（Ottawa Art Gallery）。

## 温莎市（Windsor）

这是位于安大略省最南边的一座城市，隔着底特律河（Detroit River）与美国密西根州(Michigan)的底特律（Detroi）相望，人口总数近20万，是安大略省人口排名第六多的城市。温莎的主要工业是汽车制造业，在市中心地区，有很多的公园及花园。

温莎是一个四通八达的城市，开车从温莎到安大略省的另一座城市——伦敦（The City of London），只要两个小时的车程。而从温莎到多伦多，大约只要四个半小时的车程。除此之外，去美国的芝加哥也很方便，只要穿过底特律就到了。所以想要开车自助旅行的人，温莎是一个理想的出发点。

## 汉密尔顿（Hamilton）

该市位于多伦多市（Toronto）与尼加拉瀑布(Niagara Falls)的中间，人口总数约46万人，是排名安大略省人口总数第三位的城市。汉密尔顿又叫钢城

（Steeltown），城内有两家主要的钢铁制造公司：Stelco和Dofasco。

汉密尔顿市内还有很多美术馆、博物馆，以及公园及花园等等。

## 6. 魁北克省（Quebec）——加拿大最大的法语区

魁北克省（Quebec，简称魁省），面积约154万平方公里，占加拿大国土总面积的五分之一。由于其居民多为法国后裔，故该省也是加拿大唯一以法语为官方语言的省份。魁北克南部边界和美国相接，西部达到渥太华河和安大略省，北以詹姆斯、哈德孙和昂加瓦三大海湾为界，东面是拉布拉多和圣劳伦斯湾。

### 魁北克市（Quebec city）——魁北克省省府

原为加拿大的首都，是一座法兰西风味浓郁、历史悠久的文化名城，是北美洲所有城市中唯一被联合国教科文组织列入世界遗迹保存名单的城市。

### 蒙特利尔（Montreal）

坐落于渥太华河和圣劳伦斯河交汇处，是加拿大第二大城市和海港，位于魁北克省南部、圣劳伦斯河下游左岸，人口343万，主要为法裔居民，法语为当地主要语言。该市在工业、商业和金融领域能与多伦多相媲美。此外，它还拥有加拿大第一大港口。制造业包括金属和化学产品、运输设备、纺织产品和仪器加工等。

蒙特利尔还是加拿大主要的文化中心，它拥有使用欧洲大部分语言的艺术馆、博物馆、公共图书馆、美术馆、书店、交响乐团、出版社、剧场及大学免费公共演讲厅。该城以其拥有使用英语的麦吉尔大学和使用法语的蒙特利尔大学而自豪。蒙特利尔还是一座拥有许多博物馆和历史性建筑的城市。该城曾于1967年举办过蒙特利尔世界博览会，并且在1976年承办了夏季奥林匹克运动会。

## 7. 纽芬兰省（New Foundland）

位于加拿大东北角，包括纽芬兰及拉布拉多（New Foundland &

Labrador），1949年才加入加拿大联邦，成为加拿大第十个省，是加拿大最年轻的省份，面积约40万平方公里，以海为生是当地一大特点。全省54万居民分布于沿岸的小城市，这里不仅是垂钓佳处，更是捕鱼人的乐园。

纽芬兰的气候不错，海风有调节气温的作用，冬天不太冷，夏天不算热，首府圣约翰（St.John's）至今已有500年的历史，1000年以前北欧人就在此活动，是北美最古老的城市，也是一个天然良港与渔业中心。纽芬兰纪念大学是纽芬兰省唯一的综合性公立大学，是一所拥有6个分院的世界著名大学。

## 8. 新不伦瑞克省（Nouveau-Brunswick）

省内拥有85%的常绿森林，乡村田园风光与美丽的海岸线相互交映，满眼草浪碧海，独特的自然风景使该省成为露营者的天堂。地处芬迪湾区的圣约翰（Saint John）为主要的港口和工业中心，加拿大太平洋铁路以此为东部终点站。

## 9. 爱德华王子岛省（Prince Edward Island）

这是加拿大最小的省份，面积只有55-56平方公里，却以"联邦诞生地"而知名。分布在该岛沿海的白色沙滩属于北美洲最壮观而未被破坏的海滩之列。帆船运动也颇受欢迎，而在冬季受人们青睐的则是冰上帆船运动。

## 10. 诺华士高沙省（Nova Scotia）

该省是加拿大大西洋四省之一，面积55,491平方公里，人口约93万人，四面环水，仅有东部的一块狭长地带和新不伦瑞克省相连。省府哈利法克斯位于新斯科舍半岛东南岸中部，战略位置重要，有"北方卫士"之称。

### 哈里法斯（Halifax）

该市已有250年的历史，位于加拿大的大西洋海岸线，拥有世界上第二大的自然深水港，市区人口30万人。哈里法克斯市是诺省的省会所在地，也是诺省的经济命脉，既有大城市的繁华与便捷，又不失小市镇的宁静与友善。该市主要的经济支柱包括信息产业、电影制作以及石油和天然气等。哈里法斯拥有一流的大学——哈里法斯大学，以及医院、公司以及大批高素质人才。